新课程背景下教师必备基本功系列

新课程改革背景下教师应有的教育观

XINKECHENGGAIGEBEIJINGXIA
JIAOSHIYINGYOU
DEJIAOYUGUAN

杨清溪　梁　琳◎编著

吉林文史出版社

图书在版编目（CIP）数据

新课程改革背景下教师应有的教育观 / 杨清溪，梁琳编著．——
长春：吉林文史出版社，2013．2（2021．6重印）
（新课程背景下教师必备基本功系列）
ISBN 978－7－5472－1465－7
Ⅰ．①新… Ⅱ．①杨… ②梁… Ⅲ．①中小学－教师－教育观－研究 Ⅳ．①G635．1
中国版本图书馆 CIP 数据核字（2013）第 034736 号

新课程背景下教师必备基本功系列

新课程改革背景下教师应有的教育观

XINKECHENGGAIGEBEIJINGXIA JIAOSHIYINGYOUDE JIAOYUGUAN

编著/杨清溪　梁　琳
责任编辑/ 高冰若
封面设计/小徐书装
出版发行/吉林文史出版社
地址/长春市福祉大路5788号
邮编/130118
网址/www. jlws. com. cn
印刷/ 三河市燕春印务有限公司
开本/710mm×1000mm　1/16
印张/13.5　**字数**/135 千字
版次/2013 年 4 月第 1 版　2021年 6 月第 3 次印刷
书号/ISBN 978－7－5472－1465－7
定价/39. 80 元

前 言

2001年开始实施的新一轮基础教育课程改革对我国基础教育发展产生了重要影响。在一线工作的中小学教师是基础教育课程改革的中坚力量，课程改革能否实现预期的效果很大程度上取决于一线教师对改革理念的理解和支持。很多自上而下的教育改革通常是在理论研究者和教育管理者中产生有关教育的新理念和新方法，然后通过各种措施将这些理论研究的成果推介给一线的中小学教师落实。这就在教育改革的问题上形成了理论研究和实践落实两类主体分别完成的局面。要收到教育改革的预期效果必须在教育理论研究者和教育理论实践者之间建立顺畅、便捷、有效的沟通渠道。帮助教师形成合理的教育观即是这样一条连接教育理论与教育实践的重要沟通渠道。由此，对新课程改革背景下教师应有的教育观展开梳理和厘定则具有重要的理论和现实意义。

教师的教育观是教师教育行为背后的思想支撑，教育观是根本。教育行为是观念的表达，教师自由自如地教学其实就是在用教学行为表达自己的教育观。在新课程实施的近些年来，教师的教育观中对于教育目标、学生发展、知识传递都产生了一些新的认识。我们倡导在新课程改革的大背景下，基础教育的目标应由基础知识、基本技能的“双基”目标扩充为基础知识、基本技能、基本思想和基本活动经验的“四基”目标。把能分析问题和能解决问题的“双能”目标扩充为能发现问题、提出问题、分析问题和解决问题的“四能”目标。在学生发展的问题上，不要仅仅将学生掌握知识的多少作为发展的主要任务和评价指标，还应关照学生能力的发展，在今天这样一个知识更新换代如此迅速的时代，尤其要注意学生的求知能力和变通能力的发展。这种能力的培养体现在思维方式上表现为，由过于注重演绎思维方式训练的教学改为演绎思维和归纳思维两种思维方式训练并重的教学。基础教育中的知识传递在新课程改革后也起了一些争议。一种极端的观点认为教学过程可形象地比喻为知识从教师那里传递给学生的过程，因此有人做比喻说教师要给学生一碗水，自己要有一桶水。其实如果仔细分析，这个比喻是极不恰当的。教师在把知识传递给学生的时候自己并没有因为这种传递而失去已有的知识，所以教师的知识根本不像桶里的水，因为教师的知识不会像水一样，传给了学生自己就没有了。还有一种极端的观点认为教学过程不存在知识的传递过程，学生由“不知”到“知”的转变缘于自身的知识建构，学生的知识是从学生内心由内而外地生长出来的，不是教师由外而内地传递进去的。教师在这个过程中只是起到了启发、诱导等辅助性作用。学生由不知到知的转变机制到底是什么样的，仍然需要深入地探索。另外，在学生观的问题上，我们提倡教师要将自己的学生观向后降一个层次。通常的观念是这样的：学生犯错——需要批评惩罚的表现，学生不犯错——正常表现，学生做好事——值得表扬的表现。但实际上，学生是正在发展中的人，是未完成的人，对学生来说，犯错是正常表现。正是因为未完成发展，所以他们才会经常犯错，其实他们周围的教师和家长的一个重要责任就是面对学生的错误。因此，在对待学生的问题上，应该向后降一个层次：学生犯错——正常表现，学生不犯错——值得表扬的表现，学生做好事——需要大力表扬的表现。

新课程实施以来，涌现了一大批有关教师如何适应和支持新课程改革的优秀研究成果，这其中有关新课程中教师教育观的研究成果也比较丰富，相关的学术交流和争鸣也比较多。《新课程改革背景下教师应有的教育观》系统地梳理了与教师的教育观相关的研究成果，在此基础上表达了自己在教育观方面的最基本主张。作者将教师的教育观进一步明确为教师的整体教育观、学生观、教师观、知识观、课程观以及教学观，分别对其进行了梳理和阐述。这项研究工作不仅形成了一套可供查阅参考的有关教师的教育观研究的资料，而且对当前中小学教师确立新课程改革所需要的教育观有较好的指导和帮助作用。

柳海民

2012年12月18日

目 录
contents

第一章　新课程改革与教师的教育观

2001年我国开始了基础教育领域中的第八次课程改革，这次全国性的基础教育课程改革给中国教育带来了巨大的冲击。首先受到冲击的就是工作在教育最前线的广大中小学教师们。新课程改革中所要求的各种理念要真正落实到教育实践中，没有一线教师的支持和配合是不可想象的。

教师对于新课程的配合和支持是一件既需要有准确的认识，又需要有相应的能力的事情，即需要教师们“有心有力”。在国家各级教育部门的倡议下，很多教师可能能够响应号召，决心实施新课程，这只是在“有心”的层面上表达了对新课程的态度。要全力配合支持新课程改革还要“有力”这个更为重要的层面的支持，也就是要有实施新课程的能力。应该说当下新课程改革进行的效果并不尽如人意，甚至可以说是问题频出。究其主要的原因，笔者认为，教师们的配合就是其中很重要的一部分。面对新课程改革的诸多要求，教师们有时候是有心无力，甚至有时候是无心无力。要想让一线的中小学教师实现对新课程改革有心有力的支持与配合，笔者认为应从教师的教育观入手。

科学合理的教育观能在“心”的方面帮助教师纠正认识，形成对新课程各种诉求的一种发自内心的接受。科学合理的教育观还能在“力”的方面帮助教师形成新课程改革所要求的能力。因此，本书将以新课程改革背景下教师应有的教育观作为突破口，力图帮助我们的中小学老师对新课程改革形成一种“有心有力”的支持与配合。

一、教师教育观的内涵与构成

（一）教师教育观的内涵

本书中所提及的教师教育观是指教师的教育观念，并非指教师教育的观念。那么什么是教师的教育观呢？在全书展开论述之前，我们应先对教师教育观的内涵做些简单的界定。

教育观是人们各种观念中的一种。首先来了解下什么是“观念”。《辞海》中对“观念”的解释有如下两点：第一点认为观念即思想，是思维活动结果，属于理性认识，人们的社会存在决定人们的思想，具有相对独立性，对社会存在具有反作用。正确的思想观念一旦被群众掌握，就会变成巨大的物质力量。第二点认为观念是指表象或者客观事物在人脑中留下的概括的形象。[1]由此我们可知，观念是一种系统的认识。这种认识会影响我们的行动。那么教育观就应该是指人们在实践的基础上对教育的系统的理性认识。

全面认识教育观要从多个层次和角度上同时进行。层次和角度不同，对教育观的界定也不一样。有对各种教育的认识而形成的教育观，我们把由这种教育观所组成的体系称之为广义的教育观体系；有对整个教育或不同教育的一些共同问题或基本问题的认识而产生的教育观，我们把这种教育观所组成的体系称之为狭义的教育观体系。[2]还有对教育过程中各个要素的认识构成的教育观。

整体而言，教育观是指人们对教育这一事物以及它与其他事物关系的看法。

[1] 夏征农、陈至立等主编．辞海（第六版）[M]．上海：上海辞书出版社，2009：763．

[2] 孙绵涛．关于教育观的思考[J]．教育理论与实践，1999(04)：2．

具体地说就是人们对教育者、教育对象、教育内容、教育方法等教育要素及其属性和相互关系的认识，还有人们对教育与其他事物相互关系的看法以及由此派生出的对教育的作用、功能、目的等各方面的看法。

那么教师的教育观就是指教师对整体的教育活动、教育活动与其他社会活动以及教育活动内部各个要素及要素之间各种相互关系的理性认识。本书认为，作为一名教师，其教育观应该包括上述所说的教师对整体教育活动、教育活动与其他社会活动以及教育活动内部各个要素及要素之间的相互关系的认识。因此，本书对教师教育观的阐述可分为两个层次，首先是指向教育活动以及教育活动与其他社会活动相互关系这一层次，我们称之为整体教育观；其次是指向教育活动内部各个要素以及各个要素之间的相互关系这一层次，我们具体分为教师的学生观、教师观、知识观、课程观以及教学观。

（二）教师教育观的构成

按照教育观的初步定义，教师教育观的构成应该分为三个方面。首先是教师对整体教育活动的认识，包括教育的目的、教育的功能、教育的价值取向等；其次是教师对教育活动与其他社会活动的相互关系的认识，包括教育与政治活动的关系、教育与经济活动的关系、教育与文化活动的关系以及教育与社会生产活动之间的关系等；第三个方面是教师对教育活动内部的各个要素以及各个要素之间的相互关系的认识，具体包括教师对教育者的认识、对受教育者的认识、对教育内容的认识、对教学中师生关系的认识等。

本书旨在阐述清楚新课程改革背景下教师所需要的教育观，因此教师对教育活动内部各个要素及其要素之间的相互关系的认识是本书探讨的重点内容，教育观所涉及到的前两个方面将整合为教师的整体教育观进行简要概括。按照这一分析框架，本书所言教师的教育观具体可包括如下六个部分，即教师的整体教育观、教师的学生观、教师的教师观、教师的知识观、教师的课程观、教师的教学观。

二、新课程改革的背景与现状

（一）建国以来我国所进行的七次课程改革回顾

本书所述新课程改革主要是指基础教育领域进行的课程改革。自建国以来我国基础教育课程一直处在持续的变革完善中，有学者依据历史环境的变迁和重大教育政策的转变，将课程改革这一连续过程分为八次主要的课程改革，并对每次课程改革中的课程计划、课程标准、教材三个方面进行了详细的梳理。[1]也有学者按照课程改革的力度和规范程度将改革开放以来我国的课程改革分为三个发展阶段，即课程改革工作恢复与起步、课程改革的兴起与发展以及课程改革的全面深化。[2]为了帮助教师们对我国所进行的基础教育新课程改革能有更为准确的认识，本书参照以上研究对我国建国以来到本次课程改革之前的七次主要的基础教育课程改革进行简单梳理。

1.建国后的首次课程改革

建国后的第一次课程改革持续到1952年，这次课程改革奠定了我国基础教育的基本格局，形成了国家基础教育发展的基本框架。这次改革是教育部门自上而下进行的，实行对旧课程的改造，初步确立了我国中小学新课程体系，形成了全国统一教学计划、统一教学大纲与统一教科书的“大一统”课程模式。1950年8月教育部颁发《中学暂行教学计划(草案)》，这是新中国成立后的第一个教学计划。1951年3月教育部召开第一次全国中等教育会议，通过了《普通中学(各科)课

[1] 郑东辉．新中国课程改革的历史与回顾[J]．教育与职业，2005(13)．

[2] 秦立霞．近20年来我国基础教育课程改革的历史与启示[D]．陕西师范大学硕士学位论文，2003．

程标准(草案)》和中学规程，提出目前普通中学的教学计划必须全国统一，课程科目和每科教学内容必须定出统一的标准。同年10月，政务院颁发了《关于改革学制的决定》，重新规定了中小学的学制，规定小学实行五年一贯制，取消初高两级分段制，中学修业年限为六年，分初高两级，各三年。随后成立人民教育出版社，确立了中小学教材必须全国统一供应的方针。人民教育出版社于1951年出版了新中国首套中小学全国通用教材，这就是我们熟悉的“人教版”的初创。

这一时期的课程改革初步确立了中央集权的课程模式，呈现的主要特点包括：实行中央集权管理，全国统一课程；注意根据中小学培养目标来考虑学科设置；课程内容方面，注意科学性和思想性的有机结合；全面学习借鉴前苏联课程体系。

2.社会主义改造中的第二次课程改革

1953年1月召开的大区文教委员会主任会议和6月召开的第二次全国教育工作会议引发了第二轮的课程改革。1953年12月，政务院颁布《关于整顿和改进小学教育的指示》，1954年4月，政务院颁布了《关于改进和发展中学教育的指示》，这两个文件为课程改革提供了指导和依据。根据教学计划，教育部于1956年颁发了建国以来全国第一套比较齐全的教学大纲——《中小学各科教学大纲(修订草案)》。

1956年社会主义三大改造基本完成，我国基本确定了社会主义制度，国家“一五”计划也提前完成，这一轮课程改革也告一段落。本次课程改革呈现如下特点：在全国初步形成了比较全面的中小学课程体系，仍然主要向前苏联学习。

3.“大跃进”影响下的第三次课程改革

“大跃进”促发了我国的第三次课程改革。1958年9月《关于教育工作的指示》发布，教育大革命随之到来。从1958年到1960年，中小学校过度贯彻党的教育与生产劳动相结合的方针，实行勤工俭学，兴起课程和教学改革的群众运动，将课程改革的主题确定为缩短学制、精简课程。1960年，人教社按照中小学适当缩短学制年限的要求，赶编了第三套全国通用教材，课程内容也由原来的12年完成缩短为10年完成；教育管理权限下放，各地获得自编教材的权力；学生的劳动时间大量增加。

幸而“大跃进”的插曲很快过去，从1961年开始，国家开始以“调整、巩固、充实、提高”方针为指导对中小学课程进行改革。先后颁发了《全日制中学暂行工作条例(草案)》、《全日制小学暂行工作条例(草案)》，对中小学课程的一些重大问题作了原则上的规定；制定了新的教学计划和教学大纲，对中小学课程做了必要的调整。这一时期还编写了第四套全国通用教材，但是这套修改后的教材没有在学校正式使用过。

这次课程改革的主要特点是：课程设置方面首次提出设置选修课，并实行了国家定制与审定制相结合的教科书制度，课程权力开始下放。

4.“文化大革命”中的第四次课程改革

1966年“文化大革命”爆发，全国进入混乱状态，没有了统一的教育方针，没有了统一的教学计划、教学大纲和教科书，有的只是各地自编的生活式教材，生活、社会、革命构成了全部的课程。这是对教育规律的粗暴干涉，也从反面证明，学校教育有其运行的基本规律，比如教育活动脱离不了社会发展、学校教育要以课题教学为中心、课堂教学要以传播间接经验为主等。

5.文革后拨乱反正的第五次课程改革

1976年粉碎四人帮，紧接着开始了教育战线的拨乱反正。1978年1月教育部颁

发《全日制十年制中小学教学计划试行(草案)》，草案对全国基础教育作出重要调整，主要包括调整中小学学制，实行新的十年制学制，小学五年，中学五年，教育部重新颁布全国统一的教学大纲，重建人民教育出版社，组织“中小学教材编写工作会议”，集中编写第五套全国通用的十年制中小学教材，并于1978年秋季学期开学在全国使用。

6.1981—1985年的第六次课程改革

经过课程领域内的拨乱反正调整后，课程发展已趋于正常化，改革开放后的国内经济发展形势呈现一片繁荣景象，各领域急需大量高素质人才，国家的竞争逐渐集中到人才和科技的竞争方面，原有的课程体系逐渐不能满足国际和国内发展形势需求，基础教育课程改革的呼声又起。1981年教育部根据邓小平“要办重点小学、重点中学、重点大学”的指示精神，颁发了《全日制六年制重点中学教学计划(修订草案)》，并修订颁发了五年制小学和中学教学计划。根据新教学计划的要求，人教社立即组织编写了第六套教材。1984年教育部颁发了六年制城市小学和农村小学教学计划，对数学、外语、自然常识、劳动课程分别提出了不同的要求，同时对教学大纲也进行重新修订，于1986年颁发了小学、初中各科教学大纲。

7.1986—1996年的第七次课程改革

经过第六次课程改革，基础教育取得了显著成就，1985年5月中共中央颁发的《中共中央关于教育体制改革的决定》和1986年4月全国人大通过的《中华人民共和国义务教育法》，拉开了第七次课程改革的序幕。《中共中央关于教育体制改革的决定》颁布后，原国家教委开始组织义务教育阶段的课程与教材改革，经过七年的努力，1992年印发了《九年义务教育全日制小学、初级中学课程方案（试行）》并于1993年秋季开始实施。

这次课程教材改革在许多方面有了突破，新课程方案改变了多年来只设置国家课程的状况，首次设置了部分地方课程；课程结构打破了长期以来的单一学科课程，设置了地方课、选修课、活动课、综合课、短期课；根据《义务教育法》的要求，制定了从小学到初中的不同层次的培养目标；允许地方（省级）根据本地区的实际情况对课程进行调整；选择教材的权力逐步下放到地、县级等。这些突破为提高教育质量、促进课程发展、深化教学改革起到了积极的作用。

由于实行九年义务教育制度，初中课程从原有的中学课程体系中分离出去，国家教委于1996年颁发了同义务教育课程计划相衔接的《全日制普通高中课程计划(试验稿)》。期间，由人教社负责全新编写和修订的第七套全国通用中小学教材，也于1988年秋开始进入课堂。

这次课程改革在课程行政管理体制上开始打破“集权制”的绝对支配地位，实行“一纲多本”的课程改革方略；在课程目标、内容、组织、结构等方面大量借鉴国际上的先进经验，突破了以往课程改革中的诸多禁区，“个性发展”、“选修课程”、“活动课程”等内容逐渐进入我国基础教育课程改革的视野。

（二）正在进行的基础教育新课程改革

20世纪90年代以来素质教育成为教育领域的全新关键词。教育领域围绕素质教育的内涵、实施等现实问题展开了大量讨论，与素质教育相适应的课程改革呼之欲出。2001年2月，国务院批准《基础教育课程改革纲要(试行)》，这标志着我国第八次基础教育课程改革全面启动。这次改革不是对课程内容的简单调整，也不是新旧教材的简单替换，而是一次以课程为核心的波及整个教育领域乃至全社会的系统改革，是一场课程文化的革新，是教育观念与价值的转变，涉及课程的

理念、目标、方法、管理、评价等各个方面。其中首先受到冲击的就是奋战在教学第一线的广大中小学教师。

目前第八次课程改革方兴未艾，相关的理论研究也在逐步深入。这次课程改革广泛借鉴了世界上许多国家的课程改革经验，并引入了很多先进的课程改革理念，在课程改革的理论和实践层面都表现出诸多新的特点。对课程的直接实施者——教师提出了诸多的挑战，为帮助中小学教师们对本次课程改革的基本状况能有基本的了解，本书简单梳理了这次课程改革的缘起、过程及现状，这将对教师们理解本书后续部分谈及的有关教师教育观的主张有重要帮助。

1.新课程改革的缘起

人类社会进入21世纪，社会生活发生了巨大的变化，科学技术迅猛发展，知识经济加速到来，国际竞争日趋激烈，国家和社会都形成了对高质量的基础教育的强烈需求。新的时代要求面前，原有的基础教育课程暴露出一些问题，迫切需要改进。这些问题分别表现在课程的目标和理念、课程内容的选择与编排、课程实施以及课程评价等方面。

课程的目标和理念仍然深受19世纪西方理性主义课程体系的影响，重视学科经典内容的学习，忽视学生学习态度和人生态度的培养，忽视学生的实践和经验。在实施过程中，基本以教师、课堂、书本为中心，基本采用单一传递、讲授、灌输的方式，忽视学生创造精神的培养，忽视交流、合作、主动参与、探究等学习方式，学生更多的是被动接受“是什么”的知识。关注学生基本知识的掌握和基本技能的培养是我国基础教育的一个传统，在国际基础教育领域一直是我国的优势。重视“双基”本身是没有错的，优势我们必须继承和发扬。但是，不容忽视的是，我们的学校在教学过程中过分强调了本门学科领域的基本知识和基本技能，忽视了学生的态度、情感、价值观等方面的发展，这不利于学生全面、健康地成长。

课程内容的确定和编排突出地表现为“难、繁、偏、旧”，并且过于注重书本知识，脱离了学生经验。现行的课程体系以学科知识为核心，过于强调学科本位，强调不同学科的独立性，科目过多，忽视了科学、艺术和道德之间的联系，忽视了学科之间的整合性和关联性。

课程的实施形式过于强调接受式学习，死记硬背，机械训练，忽视学生的主动作用，对合作学习、活动课程关注不够。课程管理受集权模式的影响，强调统一，强调标准，忽视了地方在课程管理与开发中的作用，没有留给教师参与课程开发与管理的权利，更没有形成教师参与课程开发与管理的机制。

教育评价上过于强调评价的甄别和选拔功能，忽视评价促进学习者发展和提高的教育功能；评价技术落后、手段单一，直接导致过于强调对结果的评价，不能对整个课程实施过程进行全面科学的评价。受片面追求升学率的制约，过分偏重学科类课程，忽视活动类课程，偏重必修课程和分科课程，忽视选修课程和综合课程，从而导致教学内容偏难和过分关注学科体系的完整，忽视创新精神和实践能力的培养。受“标准化”、“规范化”的制约，过分要求所有学生达到同等标准，从而导致过高的统一要求，忽视学生的个性差异，等等。

新课程的建立是一个不断改革、试验和完善的过程，同时社会的改革和发展会对课程不断提出新的要求，因而该课程在执行过程中，不仅遇到由于方案自身的不完善所带来的问题，同时也面临社会发展对课程改革的新需求的挑战，新一轮基础教育课程改革正是在适应时代要求和课程自身调整的双重因素影响下逐步开展实施的。

2.新课程改革的过程

2001年2月，国务院批准《基础教育课程改革纲要(试行)》，这标志着我国第八次基础教育课程改革全面启动。2001年5月国务院发布了《国务院关于基础教育改革与发展的决定》，进一步明确了新课程改革的实施。本次课程改革遵循“先实践，后推广”的原则，2001年10月教育部印发了《关于开展基础教育新课程改革实验推广工作的意见》（以下简称《意见》）的通知，要求各地根据要求开展新课程实验，制订新课程推广的五年计划，并组织实施，以便在实验的基础上进行调整，进而全面推广。

《意见》公布了首批国家基础教育课程改革实验区名单，并对实验的组织与推进做出了详细的安排。《意见》要求由教育部宏观规划并指导全国基础教育新课程实验推广工作。新课程实验推广工作采取“先立后破，先实验后推广”的方针。2001年根据各地自愿申报、各省级教育行政部门的推荐，教育部已确定在27个省、自治区、直辖市的38个区（县、市）为国家基础教育课程改革实验区，经过先行试点实验，在总结经验的基础上，发挥其示范、培训和辐射的作用，推动基础教育新课程的实施。省级教育行政部门依据新课程的推进规划、课程管理政策和本地区实际，制订本省（自治区、直辖市）五年左右实验推广新课程的规划，并组织实施。各省（自治区、直辖市）要成立课程改革实验领导小组和专家工作组，由省级教育行政部门的主管领导直接负责，课程改革实验领导小组和专家工作组应制订本省（自治区、直辖市）推进新课程的具体工作计划，落实课程改革实验工作的组织、培训、经费等有关措施。各省（自治区、直辖市）课程改革实验领导小组和专家工作组要按教育部的有关要求，领导本地区的国家基础教育课程改革实验区工作，并及时总结经验，使之成为本地区课程改革实验的推进基地。省级实验区于2002年秋季开始实验，在实验的基础上，发挥国家和省两级基础教育课程改革实验区的示范、指导、培训的作用，争取到2005年，各地区基本完成基础教育阶段新课程的推广工作。《意见》分别对义务教育阶段、高中阶段以及幼儿园新课程实验推广工作做了详细规划。

义务教育阶段新课程实验工作于2001年启动，2003年基本完成。主要工作进程如下：2001年秋季，绝大多数义务教育各学科课程标准及其实验教材在国家基础教育课程改革实验区开展实验；探索三级课程管理的具体工作机制，探索评价考试制度的改革。2002年秋季，义务教育新课程体系（包括三级课程管理的运行机制、评价制度等）进入全面实验阶段，根据各地的具体条件，原则上，各省（自治区、直辖市）在所属的每个地级市可确定一个省级基础教育课程改革实验区（以县为单位），全国实验规模达到同年级学生的10%～15%。2003年秋季，修订义务教育阶段课程设置方案、各学科课程标准、《地方课程管理指南》、《学校课程管理指南》和中小学评价与考试的改革方案；在全国范围内，起始年级启用新课程的学生数达到同年级学生的35%左右。2004年秋季，进入义务教育阶段新课程的推广阶段。认真总结国家和省两级基础教育课程改革实验区的经验，进行全面的评估和广泛的交流，在此基础上，正式颁布义务教育阶段课程设置方案、各学科课程标准以及其他相关文件，在全国范围内，起始年级启用新课程的学生数达到同年级学生的65%～70%左右。2005年秋季，中小学阶段各起始年级原则上都启用新课程。

普通高中新课程的研制工作主要进程如下：2001年全面启动普通高中新课程的研制工作。2002年形成新的普通高中课程结构与有关管理制度的方案，完成普通高中各学科课程标准（实验稿）的起草工作。2003年开始组织新高中课程的实

验与推广工作，计划于2005年正式颁布普通高中课程计划、各学科课程标准以及其他相关文件。

幼儿教育改革实验工作进程如下：《幼儿教育指导纲要（试行）》于2001年正式颁布，教育部将对幼儿园教育的改革进行全面部署，用3年左右的时间全面落实《幼儿教育指导纲要（试行）》。

《意见》发布后，各地按照《意见》要求逐步开展新课程改革实验，2001年秋季首批38个国家级实验区开始实验，2002年秋季，新课程从原来的38个实验县（区、市）扩大到全国500多个县（区、市），进行实验的中小学生从30万名扩大到近千万名。2004年秋季全国范围已经有2576个县（市、区）实施义务教育新课程，约占全国总县数的90%，2005年义务教育阶段起始年级全面进入新课程，普通高中新课程在广东、山东、海南、宁夏四省区开始实验，2007年，全国全面实施普通高中新课程，基础教育新课程已进入全面推广阶段。目前新课程改革已经在全国范围内推广，已经从实验阶段走向真正实施。

3.新课程改革的现状

新课程虽然结束了实验阶段，进行了全面的实施，但并不意味着完全达到了新课程的预定目标。严格地说新课程只是政策性地在全国推广实施，有些地区并没有真正按照新课程的要求实行，正如一些学者形象表述的那样，新课程改革在一些地区是“新瓶装旧酒”。另外，学术界关于新课程的理念、指导思想、教学方法等的争论还在继续，“钟王之争”[1]以及后现代主义课程的争议都折射出学界

[1]　2004 年 9 月《北京大学教育评论》发表北京师范大学王策三教授近 5 万字的长文《认真对待“轻视知识”的教育思潮》，领衔教育部基础教育课程改革专家工作组的华东师范大学钟启泉教授随即发表《发霉的奶酪》和《概念重建与我国课程创新》，对这篇文章率先作出回应，由此引发了课程与教学领域广泛的学术讨论。

对新一轮基础教育课程改革的重要思考。在新课程实施的过程中，家长、教师、学生等对新课程的看法也褒贬不一。

北京师范大学的王策三教授在2001年发表了《保证基础教育健康发展——关于由“应试教育”向素质教育转轨的讨论》，此时新一轮的课程改革的框架已经形成，只是还未正式实行。2004年，王先生又在《北京大学教育评论》、《教育发展研究》、《校长月刊》等期刊上发表了《认真对待轻视知识的思潮——再评由“应试教育”向素质教育转轨的讨论》等论文，矛头直指新课程改革。之后，以华东师范大学钟启泉教授为首的一批学者先后发表了《发霉的奶酪——认真对待轻视知识的思潮读后感》、《素质教育是轻视知识的教育吗？——与王策三先生商榷》等论文，由此引发了教育学界的一次针锋相对的学术讨论。双方就新课程改革、素质教育、知识传授等问题展开了激烈的讨论，甚至形成了课程改革的两个阵营的争论。暂且抛开双方具体观点不谈，单就双方围绕课程改革争论这一事实而言，其影响广度和激烈程度无不表明在新课程改革的具体主张方面确实存在着很多争议。学术界的权威人士尚不能形成统一认识，更不用说一线的教师以及课程管理者了，所以新课程改革还存在着巨大的反思和研究空间。

另外，在新课程改革的指导理念方面也存在争议，对新课程改革的理论基础的追问有两种主流回答。一种观点主张借鉴西方哲学、教育学、心理学的一些研究成果，建立后现代主义、建构主义的国际视野，以此来指导我国的中小学课程改革。另一种观点认为，我国的新课程改革必须有明确的理论基础，那就是坚定不移地以马克思主义作为我们的指导思想和理论基础，具体说就是要以马克思主义认识论和人的全面发展学说为依据来指导当前的新课程改革。[1]与前面的争论一

[1] 王本陆．当前我国中小学课程与教学改革的理论争鸣[J]．湖北教育（教学版），2006(11)．

样，先不去讨论新课程改革的理论基础到底是什么，足以引起我们反思的是这样一个事实——当前进行了多年的基础教育新课程改革的理论基础还没有形成广泛的共识。这不得不让我们担心新课程改革的实施，虽然结束了课程改革实验，已经在全国推广，但顶尖的课程专家们却还没弄清此次课程改革的理论基础到底是什么，这让一线的教师们何去何从。

新课程改革在全国范围内轰轰烈烈地开展，然而不得不让我们担心的是课程改革所取得的实际效果，因为在课程改革的方向和具体主张上依然存在诸多争论，在课程改革的理论基础和指导理念方面也找不到统一认识。对课程实际效果的担心是有根据的，新课程改革在各个层面都受到了批评，这些批评几乎来自新课程所涉及到的全部主体，包括直接实施课程的广大一线教师、课程的学习者学生，也包括学生的家长。处于全面推广阶段的新课程改革依然存在很多问题，这样的课程现状迫切需要课程研究者深入地观察思考。

三、新课程改革对教师教育观念的冲击

新课程改革开始实施后，中小学教师的工作和教学受到了多方面的冲击。2001年颁布的《基础教育课程改革纲要（试行）》对课程改革提出了总体目标，在总体目标的基础上又提出了课程目标、课程门类、课程内容、教学方式、教学评价以及课程管理等六个方面的具体目标。应该说这六项目标基本勾勒出了本次课程改革的主要框架。本书认为这六项改革的具体目标对中小学教师的工作和教学产生的最根本的冲击是教育观层面的冲击。具体而言包括教育理念的冲击，教师的课程观、教学观、知识观、教师观以及学生观等方面的冲击。

在教育理念方面，教师要改变课程过于注重知识传授的倾向，强调形成积极主动的学习态度，使获得基础知识与基本技能的过程同时成为学会学习和形成正

确价值观的过程。这即是要由原来单一的“知识技能”目标转变为“基本知识基本技能、过程与方法、情感态度价值观”的三维立体目标。

在课程观方面，新课程要改变课程结构过于强调学科本位、科目过多和缺乏整合的现状，整体设置九年一贯的课程门类和课时比例，并设置综合课程，以适应不同地区和学生发展的需求，体现课程结构的均衡性、综合性和选择性。即教学科目做了重要调整，传统的主科、大科是重要科目，副科、小科不重要的课程观念受到极大冲击。在课程内容方面，由于课程目标的扩展，以知识技能为中心的课程目标也需做出调整，过去教学中过于重视知识技能传授而形成“难、繁、偏、旧”的课程内容要进行转变，应加强课程内容与学生生活以及现代社会和科技发展的联系，关注学生的学习兴趣和经验，精选终身学习必备的基础知识和技能。另外，课程的管理方面也带来一些冲击，新课程提倡要改变课程管理过于集中的状况，实行国家、地方、学校三级课程管理，增强课程对地方、学校及学生的适应性。其实这是对教师们提出了一个更高的要求，要求教师要有课程建设和开发能力。以前的教师们习惯了给定固定不变的课程，自己的任务就是把预定好的内容讲授下去，而现在仅给出了一个课程的大体框架，具体的内容要求教师自己去开发设计，这对很多老师都是一个重要的挑战。

在教学观方面，新课程提倡改变课程实施过于强调接受学习、死记硬背、机械训练的现状，倡导学生主动参与、乐于探究、勤于动手，培养学生搜集和处理信息的能力、获取新知识的能力、分析和解决问题的能力以及交流与合作的能力。这就要求教师们改变传统的教学方式，课堂设计要多考虑学生的参与，将课堂由老师的舞台转变为学生和老师一起的舞台。教学评价也应相应地做出改变，改变课程评价过分强调甄别与选拔的功能，发挥评价促进学生发展、教师提高和改进教学实践的功能。老师眼里的好学生不能仅有成绩好一个标准，也不能仅仅依据学生成绩来决定教育资源的分配。

鉴于课程和教学方面的巨大转变，教师们对自身的定位也遭遇了一些困境。新课程下教师要重新定位自己的角色，改变以往以自己为中心把持整个课堂的观念。很多老师转变角色的时候遭遇了较大困难，无法准确定位新课程下自己如何面对课程、如何面对学生。

在学生观层面，新课程也对老师带来冲击，学生不再是被加工改造的对象，而是自主发展的人，学生的很多需求都要求老师要予以充分的尊重和满足。以前对学生的严厉管教现在退隐下来，有的老师甚至走向另一个极端，变得不敢管学生，对学生听之任之不予管教。

这些观念所提出的新要求让老师们无所适从，原来熟悉的教学方法、教学理念在新课程下都要做出调整，积累多年的教学经验在新课程的评价体系下可能也会显得苍白无力。总之自己所熟悉的教学规范、甚至自己所坚信的教学理念都因新课程改革而被打乱、被质疑，尤其是年龄大一些的老师，他们无法理解新课程的基本精神，在教育观方面遭受了较大的冲击。

第二章　新课程改革背景下教师的整体教育观

按照第一章对教师教育观的界定，本章关注的教师整体教育观主要是指教师对整体教育活动的认识，包括教育的目的、教育的功能、教育的价值取向以及教师对教育活动与其他社会活动的相互关系的认识，包括教育与政治活动的关系、教育与经济活动的关系、教育与文化活动的关系以及教育与社会生产活动之间的关系等。

鉴于篇幅的关系，本章将仅从教师对教育与人的关系的认识以及教育与社会的关系的认识两个方面概要阐述教师的整体教育观。

一、新课程改革背景下教师应有的对教育与人的关系的认识

（一）人性论与教育

对人的认识是任何教育思想的一个基本前提，也是教育活动系统展开所依据的重要理论基础。我国和西方的教育思想演变中很多教育思想家都谈及了人的问题。本书仅从人性论的角度略作梳理，以期给老师们呈现一个大概的框架。

1.中国古代的人性论

中国古代的人性论集中于人性之初的善与恶的讨论。典型的观点包括孟子的性善论、荀子的性恶论、墨子的性无善无恶论以及后来董仲舒的性三品说。

战国时期的孟子是性善论的代表性人物。孟子认为人性之初已经有了善

端。他说："恻隐之心，人皆有之；羞恶之心，人皆有之；恭敬之心，人皆有之；是非之心，人皆有之。恻隐之心，仁也；羞恶之心，义也；恭敬之心，礼也；是非之心，智也。仁义礼智，非由外铄我也，我固有之也，弗思耳矣。"（《孟子·告子上》）可见，孟子认为人性之中是固有一些东西的，而且有的东西是善的，即"仁义礼智"这些"良知"、"良能"，他们是善之端，善的种子。孟子还认为，有了善端不等于就一定会有善，善端需要在后天的教育训练中逐步扩充，从而能有善的表现。但是人性中有的一定是善端，而且有往善的方向发展的趋势。他说"人之性善也，犹水之就下也"，"水无有不下，性无有不善"。孟子认为人性中有向善的种子，因此有往善的方向发展的趋势，教育的过程就是扩充善的种子，助长向善的趋势，所以孟子的教学方法提倡"求放心"、"自求自得"。

战国时期的荀子是性恶论的代表性人物。他说："人之性恶，其善者，伪也。"（《荀子·性恶》）荀子的性恶论可以分为三个部分，即性伪之分、性伪之合、化性起伪。性伪之分是说研究人性要区分开人性中的先天素质和后天的人为造成的结果。他说："凡性者，天之就也，不可学，不可事。礼义者，圣人之所生也，人之所学而能，所事而成者也。不可学，不可事，而在人者，谓之性；可学而能，可事而成之在人者，谓之伪。是性伪之分也。"即人性中有"性"，也有"伪"，"性"是先天的本能，"伪"是后天造成的。讨论人性时，两者应该区分开。而且荀子认为其中的"性"是恶的，如果后天不加以约束引导，一定会发展为恶。性伪之合是说人性中的"性"与"伪"不应分开，他们是联系统一的。他说："无性则伪之无所加，无伪则性不能自美。性伪合，然后成圣人之名，一天下之功于是就也。故曰：天地合，而万物生，阴阳接，而变化起；性伪合，而天下治。”性与伪是素材与加工的关系，只有素材与加工相结合，即“性伪合”，才能实现对人的改造。化性起伪是荀子的人性论的关键。在讨论了“性伪之分”和“性伪之合”后，化性起伪就有了充分条件，用后天人为的环境、教育等因素压制人性中趋向于恶的本能。荀子极为看重后天人为的环境、教育对人的影响，甚至认为只要后天环境得当，“涂之人可以为禹”，他还说：“我欲贱而贵，愚而智，贫而富，可乎？曰：其唯学乎！……上为圣人，下为士君子，孰禁我哉！”可见，荀子从化性起伪的立场上，极为重视教育的作用。

战国时期的墨子是性无善无恶论的代表性人物，他的人性论也被称为“素丝说”。他以素丝和染丝为比喻来说明人性与教育的关系。他说：“染于苍则苍，染于黄则黄，所入者变，其色亦变，五入必，而已则为五色矣。故染不可不慎也！……非独国有染也，士亦有染。”（《墨子·所染》）由此可见，墨子认为人初生之时人性中并无任何东西，无所谓善恶，如同素丝一样。后天人性善恶的形成好比往素丝上染色，素丝接触什么颜色就变成什么颜色，人性接触什么环境就被塑造成什么样的人性。因此，墨子的教育思想中非常重视环境对人的发展的影响。

汉代的董仲舒是促使儒家思想成为中国传统文化的核心思想的关键人物。正是他提出的“罢黜百家，独尊儒术”的思想主张将儒家思想推上了正位。他的人性论主张可以概括为性三品说。他吸收了秦汉以来普遍流行的人性差异论的观点，明确将人性划分为三类，即“斗筲之性，中民之性，圣人之性”。圣人之性是天生为善的人性，斗筲之性是天生为恶的人性，这两种人性都很难改变，教育对有这两种人性的人作用不大。中民之性是可善可恶的人性，有这样人性的人要

“待于教训而后能为善”，所以教育的主要对象是中民之性的人。

2.不同人性论下的教育主张

孟子从人性善论出发，认为人的美德来自先天，因而认为教育的作用即在于开发和发展人已有的善性，因此他的教育方法比较倾向于“存心”、“养性”、“自求”、“自得”，不主张对学生有较多的灌输和管教。

荀子认为人之性恶，但教育可以使之获得改造。所以，他主张教育的作用在于“化性起伪”，在于改造人性的恶，使人弃恶从善。因此，他特别重视后天环境对人的发展的影响作用，强调“师法”和“正礼”，在教育方法上倾向于推崇教师对学生的灌输和压制。

董仲舒从他的人性差异论出发，将人分为三种不同的类型，认为教育对上品者可以“就学而愈明”，对下品者只能使之“畏威而寡罪”，只有中品者教育才可以导而上下。性三品说将人分不同的类型，在人性论问题走上了一条等级人性论的道路。这为后来的封建政治统治和教育发展提供了重要的理论依据。封建政治统治者成为自然而然的上品之性拥有者，与之敌对的人则成为下品之性的持有者，更多的人是中品之性的持有者。根据这个理论，上品的人天然地获得了政治统治的特权，下品的人则应遭受各种惩罚和迫害，中品的人则要听从王的教诲，成为顺民，拥护王的政治统治。然而，如果我们去思考到底是谁判定了统治者的上品之性和一般平民的中品之性呢？当我们深入思考这个问题时就会发现，这个学说其实还是一个愚弄民众以实现政治统治目的的学说。

（二）教育学的人性认识

人性认识是教育活动进行的前提和基础，作为一名教师，应了解教育学的人性认识。这里提供几条教育学对人性的认识。

1. 人是有可塑性的，通过教育可以改变人

教育学必须认识到人是有可塑性的，必须认识到在人的全面和谐与持续发展方面教育是大有可为的。可以说教育学对人的这种认识是人类教育活动，特别是现代教育活动得以飞速发展的最根本依据。

历史上对这种可塑性的极端认识的代表就是“白板说”，美国心理学家华生受英国教育家洛克的影响，认为儿童的心理类似一块“白板”，他曾说：“给我一打健康的、发育良好的婴儿和符合我的要求的抚育他们的环境，我保证能把他们随便哪一个都训练成为我想要的任何类型的专家、医生、律师、巨商，甚至乞丐和小偷，不论他的才智、嗜好、倾向、能力、禀性以及他的宗族如何。”

正是基于这种对人的可塑性和教育在人性塑造上的巨大作用的认识，教育活动一直未能摆脱作为控制人的思想等方面发展的工具性倾向的左右，从中国古代的“建国君民，教学为先”到今天作为“隐性暴力的主要实施形式的公立学校教育系统”，无不在利用人的可塑性以及教育在塑造人性方面的重要作用，其实教育与政治经济相联系的规律（或者说成是客观现状）正是对这一人性假设的充分利用。

2. 人先天获得诸多本能，并以此作为将来继续发展的基础

毫无疑问人具有诸多的先天本能和需要，历史上关于这些本能和需要的认识的争论也很多，最激烈的就是人性善恶的争论。中国古代就有人性善恶的争论，持性善论的最著名代表应当属战国时代的孟子，他说：“恻隐之心，人皆有之；羞恶之心，人皆有之；恭敬之心，人皆有之；是非之心，人皆有之。”“仁义礼智，非由外铄我也，我固有之也。”这派的思想家一般认为人天生就有诸多善端。捷克的大教育家夸美纽斯也认为：“这三者（学问、德行、虔信）的种子已

天然地种植在我们身上。”性恶论者则强调人生来具有为恶的倾向，与孟子同时代的荀子则直言“人之性恶，其善者伪[1]也。”还有持性无善恶论的告子，他认为人性无所谓善恶，而是如江河流水，“决诸东方则东流，决诸西方则西流”。墨子“素丝说”则认为人性如素丝，“染于苍则苍，染于黄则黄”。

其实无论是性善论还是性恶论，抑或是性无善无恶论，都认为人天生是有一些本能和需要的。他们之所以有不同的观点就是因为对这些本能和需要有不同的价值判断。其实不能简单地用善恶来判断人之初的情况，这些本能和需要都是将来发展的基础，善恶是依据社会主流价值规范做出的判断，对于主体性不健全的人来说，这种判断没有意义。人之初的善恶只是我们对人先天本能和需要的一种评价，因此对人性善恶问题的评价与判断还不如先转化为对人之初的本能和需要本身的研究更有价值，我们应该客观地看待这些本能与需要，并以此为基础导引人的全面和谐与持续发展。

3.大部分人的先天基础相差不大，但每个人的未来发展倾向表现出差异性

生理学和遗传学的研究表明人与人的先天遗传差异不大，马克思也形象地说：“搬运夫与哲学家之间的原始差别要比家犬与猎犬之间的差距小得多。”但是基础的趋同并不决定人的发展道路和结果的一致，事实上，每个都表现出丰富的个性，整个社会出现了丰富多彩的人性差异。“人之为人的特性就在于他的本性的丰富性、微妙性、多样性和多面性。”[2]所以虽然大部分人的先天基础相差不大，但每个人的未来发展倾向表现出差异性。这种认识要求我们在起点上应为所有人提供公平的教育，为每个人提供发展所需要的基本条件。而在教育过程中则

[1]　此处“伪”字作“人为”解。

[2]　[德]恩斯特·卡西尔著，甘阳译．人论[M].上海：上海译文出版社，1985：15.

要尊重每个个体的发展倾向，帮助个体实现发展倾向所决定的个性发展。

4.人的全面和谐与持续发展必须依靠教育

教育学必须认识到教育对人的发展的重要作用，这样才能对教育学研究的价值有清醒的认识，也才能给教育活动的存在与发展以科学合理的解释。

美国人类学家露丝·本尼迪克特在《文化人类学》中指出："无论是人类部落的社会、语言，还是地方宗教，都不会遗传在生殖细胞中。""事实上，初生的孩子是那样的不成熟，如果听任他们自行其是，没有别人的指导和援助，他们甚至不能获得身体生存所必需的起码的能力。人类的幼年和很多低等动物的崽仔比较起来，原有的效能差得多，甚至维持身体所需要的力量必需经过教导方能获得。那么对于人类一切技术、艺术、科学和道德的成就来说，那就更需要教导了。"[1]另外，人类社会发现的"狼孩"、"猪孩"的事例也充分说明了教育对人的发展的重要作用，因为他们都有健全的肌体、相同的大脑，只是由于种种原因错过了人类的教育环境的影响，结果其行为和认知发展都偏离了可以作为人的本质的人性，而其表现出的"狼"或"猪"的习性与行为特征进一步说明了教育环境对其发展的重要影响。

现今的多数教育学著作或教材在论述影响人的发展因素的章节中几乎都会提到遗传、环境、教育因素对人的发展的影响。对于一个正常的个体来说，遗传作为一个影响其发展的因素没有现实意义，因为其发挥作用的范围和力度有种先天的确定性，是伴随着个体自然生长发育的一个不可改变因素。相比之下，环境和教育，或者说广义的教育因素在个体的全面、和谐和持续发展方面则起到了现实的决定性作用。另外，教育活动作为一种体现人类理性的社会实践活动，它可以

[1][美]约翰·杜威著，王承绪译．民主主义与教育[M]．北京：人民教育出版社，1990：9．

照顾到人发展的全面性、和谐性与持续性。因此教育学必须认识到：人的全面、和谐与持续发展必须依靠教育。

5.人可以自我完善发展

人的发展必须依靠教育，但不是全依靠教育，这要求我们从尊重所有参与教育活动的主体的角度理解教育。马克思认为人类的特性是“自由自觉的活动”，他说：“有意识的生命活动把人同动物的生命活动直接区别开来……而人类的特性恰恰就是自由自觉的活动。”（《马克思恩格斯全集》第42卷）教育活动涉及到的两大主体都是人，作为教育活动中发展的主体受教育者也是在从事自由自觉的活动。人的自由自觉活动特性也体现在个体的发展过程中。人的主观能动性、人参加的社会实践活动都深刻地影响着人的发展。教育学必须认识到人是可以自我完善发展的，这样才能有意识地利用教育对象的主动性，重视教育对象的兴趣和发展倾向，使教育活动最终成为自在自为的活动。

6.人的发展过程是有序的、动态的

教育学要认识到人性发展过程的有序性和动态性。心理学的研究表明人的各种能力的发展有关键期，科学的实验也证明错过了发展的关键期，相关能力的发展将很难完成。我国古代的《学记》中也说：“时过然后学，则勤苦而难成。”自古希腊的柏拉图开始人类就对人性发展进行阶段性划分，今天，世界范围内的教育活动仍然在一种模糊的意义上遵循着人性发展的有序性和阶段性。

人性发展是动态的，因为发展本来就意味着动态，之所以重复提出是因为今天我们的教育并没有很好地意识到这种动态性。特别表现在教育过程中的师生关系问题上，总是僵化地认为教师主体或者学生主体，其实应该从人性发展的动态性来看待教育过程中的师生关系。

在对某一个体的教育的起始阶段，由于该个体的主体性还不健全，此时更多的需要依赖别人的照顾和保护，他的自觉性和独立性都很低，不能有效地选择和控制有利于自己的发展因素，但此时教育过程已经开始了，为了保证他的健康发展，教育者有必要为他选择确定教育环境，并主导这一阶段的教育，当然要根据受教育的身心特点和社会要求来选择和控制教育过程的其他要素。可以说在这个阶段教育活动完全由教育者主导，并发挥主体作用。但受教育者的身心是不断发展前进的，当他形成了健全的主体性，有了自己明确的发展目标，具备了一定的自我教育能力时，双方在教育中的地位将发生变化，因为受教育者此时已有很强的主体性，对自己要干什么和需要什么有明确的目标，或者把他称为求教者更恰当，而此时教育者在教育中的作用应更多的倾向于为求教者提供服务，求教者的需要将决定教育者的行为，以前的受教育者将成为教育过程的主体，并主导教育过程。

所以在受教育者的主体性不健全的教育时期，教育者应为教育过程的主体，主导教育过程的进行；当受教育者群体具备了健全的主体性，受教育者或者求教者就应该主导教育过程，成为教育过程的主体。所以应当区分不同受教育群体，动态地、发展地看待教育过程中教育者和受教育者的地位。

（三）影响人身心发展的因素与教育

人的发展受到哪些因素的影响，这一问题一直未能得到妥善的回答。本书综合借鉴前人研究成果，认为影响人身心发展的因素至少包括遗传素质因素、环境因素、教育因素、主观能动性因素以及社会实践活动因素五个方面。

1.遗传素质在人的发展中的作用

遗传素质是人先天获得的解剖生理特征，主要表现在人的机体构造、形态、

感觉器官以及神经系统的特性等方面。人的这些生物特性是通过遗传获得的，所以叫做遗传素质。遗传素质在人的发展中的作用主要表现在如下方面：

第一，遗传素质是人发展的物质基础和前提条件。人的存在和发展必须以人的自然机体为前提和基础，否则就谈不上人的存在和发展。人的遗传素质是人赖以存在和发展的物质基础，它为人的发展提供可能性的前提。

第二，遗传素质的成熟程度制约着人的身心发展过程和阶段。人的遗传素质不是静态的，它也有一个成熟发展的过程。人的身心发展的阶段性，正是人的遗传素质成熟程度的表现。没有遗传提供的身体成熟条件，人的发展是不可想象的，超越人素质发展程度的学习和教育是难以取得效果的。

案例2-1　双生子爬梯实验

格赛尔（1880—1961）曾经做过一个非常著名的双生子爬梯实验。他以单卵性孪生儿的登梯实验，来说明人的素质成熟程度同教育的关系。格塞尔选定单卵孪生姊妹二人做登梯训练。对姊妹甲从生后第46周开始训练登梯，每天练习10分钟，经过6周的训练后，同姊妹乙比较，甲用26秒完成登梯动作，乙则用了45秒。从第52周开始对乙也做登梯训练，两周后再次测验，乙只用10秒钟就完成了登梯动作。这个实验很好地说明了遗传所决定的发展成熟程度对人的技能发展的影响。

第三，遗传素质的差异性在一定程度上影响着人的个别特点的发展。每个人的遗传素质是不一样的，如人的机体就存在着遗传的差异，人的身高、肤色、面孔等都不一样。人的心理也存在着由遗传决定的差异，儿童的视觉、听觉等感觉器官的灵敏度有着遗传差异；儿童在记忆、注意、思维等心理过程方面也存在遗传的差异，在一些高级神经活动方面也存在着差别。这些差别导致人的发展也有差异，有的人拥有遗传素质的优越性，有的则不得不面对遗传素质所造成的发展的不利状况。

总之，遗传素质对人的发展有着重要作用，是人发展的内在根据之一，对遗传素质的作用不能否定。但也不能因为遗传素质为人的发展提供物质基础和可能性，就因此夸大遗传素质的作用，把人的发展完全归因于遗传因素。

这里提供两个有意思的案例，帮助大家理解遗传在人的身心发展中的作用。

案例2–2　高尔登名人家谱实验

英国学者高尔登（1822—1911）在英国做了一个名人家谱实验。高尔顿调查了1768～1868年这100年间英国的首相、将军、文学家和科学家共977名杰出人士的家谱，发现其中有89个父亲、129个儿子、114个兄弟，共332名杰出人士。而在一般老百姓中每4000人才产生一名杰出人士，因此得出结论："杰出人士的普通能力"是遗传的。

案例2–3　诺贝尔精子银行

美国加利福尼亚洲在1980年设立了一家"诺贝尔精子银行"，这里收集了一些历届诺贝尔获奖者和各界杰出科学家的精子。到1987年，已有39个孩子出生。可是人们并没有发现直接有力的证据来证明高智商的父母就一定能培育出绝顶聪明的后代。

2.社会环境在人发展中的作用

环境因素是直接或间接影响个体发展的全部外在因素，广义的环境包括教育。环境可以分为社会环境和自然环境。自然环境主要指人生存的地理条件、气

候特点等，社会环境比较复杂，宏观上有生产力水平、社会生产关系、时代背景、文化传统等，微观上有家庭背景、个人遭遇等。

环境因素在现实性上决定人发展的广度、深度。人所处的社会历史条件决定了他所能达到的发展深度，所接触的事物决定了他发展所能达到的广度。除去教育之外的环境因素对人的身心发展的影响有自发性和偶然性。环境对人的发展的影响是潜移默化的，是耳濡目染的，是无目的的、随机的。环境因素对人的发展的影响是复杂的。环境因素中既有对人发展有利的因素，也有不利因素，一般是没有经过控制和筛选的。人的发展取决于社会关系，“不管个人在主观上怎样超脱各种关系，他在社会意义上总是这些关系的产物”。事实证明，人的生长脱离了社会环境，不仅不能正常发展，就连人的发展的起码基础也会遭到破坏。下面的两个案例即是说明环境在人发展中的重要作用。

案例2-4　印度狼孩

1920年，印度一位名叫辛格的牧师，他从狼洞里发现两个由狼哺育的女孩，大的约八岁，小的约一岁半。大女孩被取名为卡玛拉，她大约在1912年出生于印度，当年被狼叼走，与狼一起生活了八年。1920年她在加尔各答东北山地被人发现，从狼窝里抓回送到附近一个孤儿院，由辛格牧师夫妇抚养。刚进孤儿院的头一年，卡玛拉只有狼的习性而没有人的心理，她不会说话，不会思考，用四肢行走，昼伏夜行，睡觉也是一副狼相。卡玛拉常半夜起来在室内外游荡，寻找食物，想要逃跑时，像狼一样嚎叫，吃饭、喝水都是在地上舔食。她愿意与猫、狗、羊等动物一起玩，不让别人给她穿衣服，不愿与小孩接近。尽管她每天与人生活在一起，但心理发展极慢，智力低下。第二年，卡玛拉能用双膝行走，能靠椅子站立，能用双手拿东西吃，对抚养她的辛格夫人能叫“妈”。经过三年多她才能逐步适应人的生活，能够自己站起，让人给她穿衣服，用摇头表示“不”。辛格夫人外出回来，她能表示高兴。入院四年她才能摇摇晃晃地直立行走，早饭时能说“饭”这个词，这时的智力水平相当于一岁半的孩子。入院六年时，她能说出30个单词，与别人交往时有了一定的感情，智力达到两岁半的水平。第七年，卡玛拉已基本上改变了狼的习性，能与一般孩子生活在一起，能说出45个单词，能用三言两语表达简单的意思，能够唱简单的歌。她开始注意穿着，不穿好衣服不出屋，有了羞耻心。她能自觉地到鸡窝去拣蛋，受到表扬就非常高兴。第九年(17岁)，当她因尿毒症死去时，智力只有三岁半的水平。[1]

案例2-5　中国辽宁猪孩

王红（化名），女，1974年12月23日出生，其后整日与猪生活在一起，1984年才被人发现。当时《光明日报》、中央电视台都对此进行了报道，经专业人员检测，11年与猪为伴，造成了王红心理的严重畸形。当她被外界发现时，这个11岁的“猪孩”混沌一片，没有大小、长短、上下、颜色等概念，几乎没有记忆力、注意力、想象力、意志力和思维能力，甚至表现的情绪也极为原始简单，只有怨、惧、乐，没有悲伤。据测量表明，她的智商为39。为帮助“猪孩”王红过上正常人生活，中国医科大学组织了9人的“猪孩”考察组，鞍山市社会福利部门、鞍山市心理研究所决定免费为其进行治疗。全国教育系统先进教师姜云香把王红领回自己的家中，采用特殊引导的教育方法帮助她认字、念诗，培养独立生活的能力。7年后，经过全面科学的测定，王红的智力相当于小学二三年级水

[1] ［印］辛格著，陈苏新等编译．狼孩——对卡玛拉和阿玛拉的抚养日记[M]．长春：吉林人民出版社，1982.

平；她的智商也从39的重度智残，达到69，接近于正常人70的最低水准；而她的社会交往能力基本达到了正常人水平。几年前，她与当地农民李某结婚，于2002年生下一男孩，男孩一切正常。

3.教育因素在人的发展中的作用

教育可以看作一种特殊的环境，主要指系统的学校教育活动。教育是为了人的身心发展而专门进行的活动，具有目的性、组织性和系统性等特点。没有教育这个因素，人很难获得系统的发展。美国著名的教育学家约翰·杜威曾经说过："事实上，初生的孩子是那样的不成熟，如果听任他们自行其是，没有别人的指导和援助，他们甚至不能获得身体生存所必需的起码的能力。人类的幼年和很多低等动物的崽仔比较起来，原有的效能差得多，甚至维持身体所需要的力量必需经过教导方能获得。那么对于人类一切技术、艺术、科学和道德的成就来说，那就更需要教导了。"

教育因素在人的身心发展诸多影响因素中处于主导地位。首先，教育活动具有明确的目的性和方向性。教育是专门培养人的活动，依据社会发展需要和人的发展需要，确定发展方向和目标。任何教育活动在开始之前就具有了明确的目标和发展方向。而且，各级各类教育活动也因为其目的和方向不同而成为教育体系中的重要组成部分。其次教育活动具有较强的计划性和系统性。教育活动中可以控制、选择人发展的方向、内容、程度等，这种控制的实现是靠对教育内容的加工实现的，教育的内容一般而言都是经过系统的加工的，程度也是有层次的、渐进的。从内容上看，系统性体现在中小学中系统地开设语文、数学、外语、历史、地理等各种学科的课程，而且不同年龄段的孩子各种学科课程的学习深度也是由浅入深、由易到难的。计划性体现在教育活动的通盘设计上，教育内容的呈现不是随机的，二是经过周密的计划的，先学什么后学什么，固定的教育内容花多少时间学完，这些都是有详细的计划的。第三，教育活动具有高度的组织性。现代学校教育已经是具有高度组织性的社会活动，有专门的人员、专门的机构，还有专门的管理制度体系。从国务院、教育部、教育厅，到地方的教育局、中小学校，中国的学校教育具有高度的组织性。

4.主观能动性在人的发展中的作用

主观能动性指人的主观世界对客观世界的反应和能动作用，表现为人的需要、动机、目的和意志品质等方面，是个人发展的内因，是个人获得主动的、理想的发展的决定性因素。

主观能动性是个体身心发展的内因，其他因素的顺利发展要依赖内因作用的发挥。如果学生不想发展，或者不愿意往好的方向发展，教师和家长们提供再优越的条件，学生本人拥有再优秀的遗传素质，都无法达成我们所期望的发展结果。因为这些因素如果没有学生主观能动性的配合都无法发挥作用。

主观能动性本身就是心理发展的一个重要组成部分，其作用的发挥是从无到有、由弱到强的过程。它是个体发展过程中形成的一种促进发展的因素。而且这种因素越是经常使用，对人的发展越有显著的作用。教师在教育过程中既不能忽视学生的主观能动性，把学生看作是消极的容器，生添硬灌；也不能过分夸大学生的主观能动性，完全主张学生自我发展，忽视淡化教师的作用，从而导致教育过程的自由化，降低教育的效果。

案例2-6　西部歌王阿宝

1969年，阿宝出生于大同郊区的一个村子，阿宝从小酷爱唱歌，4岁时跟着宣传队登台独唱，6岁就可以把《兄妹开荒》全部唱下来。阿宝12岁时去考艺校，

当时艺校很难考，5000多人争一个名额。阿宝嗓子好，歌唱得也好，初赛、复赛都是第一名，没想到就在他满心欢喜以为肯定被录取时却发现自己被人顶了。这对他是一个非常大的打击，他感到“人生的花未开就枯萎了”。这之后很长一段时间，阿宝都萎靡不振，性格也变得孤僻内向了。初三那年，阿宝揣着30元钱独自一人偷偷去了北京，这是他第一次出远门，他跑到中央音乐学院恳求老师收下他，可老师说，你太小了，上音乐学院必须如何如何考，无奈阿宝只能打道回府。这之后，他还考过市里、县里的歌舞团，但却因没学历、没受过专业训练而被拒之门外。1986年，阿宝上高三时，经常利用周末去市里一家宾馆音乐茶座去唱歌，一星期唱两次，唱完9点钟再骑车回去。虽然是业余歌手，但他比专业演员都受欢迎，场场爆满。没唱多久，经理委婉地对他说：“阿宝，专业演员们说了，有你在他们就不演了，没办法，只能让你走。”阿宝高中毕业后便进了戏班子开始“走穴”，内蒙古、宁夏、甘肃……他的足迹踏遍了这里的沟沟坎坎。演出条件很艰苦，搭台、搬道具都要自己亲自动手，晚上打地铺睡在后台。多年走南闯北、颠沛流离的生活让阿宝对人生多了一份感悟。

2004年10月，阿宝参加了中央电视台首期《星光大道》节目，这是一次完全由观众作评委的节目，观众把冠军给了这位完全从民间摸爬滚打上来的平民歌手。这一次，阿宝哭了，像个率真的大男孩，他哽咽着说：“这是我这辈子第一次拿第一……”观众席上很多观众都被感动了，人们记住了阿宝。之后，阿宝真正走上了“星光大道”，不仅赴澳大利亚演出，还接到许多大型团体的演出邀请，春节期间央视十几个栏目邀请他做节目。

5.实践活动在人发展中的作用

实践活动主要是指主体同外部世界进行物质或精神交换的活动，它反映了主体内部因素与外部因素的结合与统一。简单理解实践活动即是人们参加的各种有意识的活动。

实践活动从总体上看是人存在的重要形式，也是促进人发展的基本途径，人是在实践活动中并通过实践来使自己获得发展的。活动过程中的体验和活动之后的反思作为经验保存在人的精神世界中，这些经验实影响着人的认识，因此实践活动对人的发展产生重要的影响。人参加什么活动就会使自己在某方面获得一定的发展，形成一定的素质。如人参加体育活动就可促进身体的发展，参加思想活动就可促进思维等方面的发展。

需要指出的是，对于一个特定个体的学生来说，遗传、环境基本是无法选择的，教育条件在某种程度上可选择的空间也很有限，因此，对于个体的人来说，最为现实的影响其发展的因素是主观能动性和社会实践活动。我们建议，在教育活动中教师要充分认识到这两个因素对学生发展的重要作用，鼓励学生多发挥主观能动性和多动手实践。

二、新课程改革背景下教师应有的对教育与社会关系的认识

教育与社会的关系是教师进行教育活动的宏观背景知识。认清两者的关系要从四个方面入手，即教育是什么，社会是什么，教育对社会有什么影响，社会对教育有什么制约。鉴于对教育我们都有了一定的把握，本书将对剩下的三个方面略作分析。

（一）社会及其构成要素

马克思历史唯物主义认为社会是以共同的物质活动为基础而相互联系的人们的总体。“生产关系总和起来就构成所谓社会关系，构成所谓社会，并且是构成一个处于一定历史发展阶段上的社会，具有独特的特征的社会。”

宏观地看，社会是由地理环境、人口和物质生活资料的生产方式三个基本要素构成的。其中物质资料的生产方式在一个具体的社会中又可具体化为社会的政治经济制度和生产力发展水平。加之一个特定的社会又建立在特有的文化传统之上，社会的精神文化也成为社会的重要构成要素。因此，我们可以将社会构成要素分为五个方面，即社会的地理环境、人口、政治经济制度、生产力发展水平和社会精神文化。

（二）社会对教育的制约

根据历史唯物主义的基本原理，社会发展即生产力和生产关系的矛盾运动，生产力决定生产关系，生产关系的总和构成社会的经济基础，决定社会的上层建筑。教育，从其存在的社会属性看，属于社会上层建筑范畴。[1]因此，教育发展既受到社会经济基础的制约，同时又对社会的经济基础产生重要的反作用。我们将分别简要叙述社会的五个构成要素对教育的影响和制约作用。

1.地理环境对教育活动的制约

自然地理环境包括地理、位置、气候、地貌和各种自然资源等人类生存和发展所依赖的各种自然条件的总和。教育作为一种社会实践活动，也要以这些自然条件作为基础。自然地理环境还直接制约着教育的诸多方面，例如极端的天气会导致学校教育停课，学校所在地区的地貌特征会影响学校的生源覆盖范围，南方、北方的地理位置会制约学校的作息制度、学校学生的生活方式，最明显的是北方的学校冬天要取暖，而南方的学校夏天却要面临高温。在草原、山区、水乡和平原的学校也因其地理地貌特征而不一样，有的学校就在马背上、行船上，有的学校要建在山顶上等。另外，城市与农村、沿海发达地区与西部落后地区之

[1]　柳海民．教育原理[M]．长春：东北师范大学出版社，2006：142．

间的教育也存在显著差异，这些差异的很多方面都是由这些地理环境的差异造成的。目前基础教育倡行的校本课程和地方课程则更多会受到当地自然地理环境的影响。

2.人口对教育活动的制约

教育是为了人而存在的社会实践活动，社会的人口因素深刻地影响和制约教育的发展。社会中的人口因素有人口结构、人口数量、人口素质、人口分布等更具体的因素。人口的结构还可分为性别结构、年龄结构等方面，学龄人口在总人口中的比例、婚育年龄的人口在总人口中的比例都成为制定教育发展规划的重要参考数据。人口数量对教育的制约更为直接，学龄人口的数量直接决定了教育的规模。人口素质会制约教育效果的显现和教育层次的提高，尤其以家长、教师为代表的教育者的素质，他们直接影响着受教育者的身心发展状况。人口分布也对教育活动产生重要的制约，改革开放以来逐渐出现打工潮催生了一大批流动人口，有些学龄儿童从农村流动到城市，导致农村学校生源萎缩，办学规模越来越小，流动到城市的儿童在城市接受教育，则又对城市教育产生一些冲击。

3.政治经济制度对教育活动的制约

目前世界各地的多数正规教育活动都是政府主办的，这些活动的进行要在政治统治的框架下进行，并成为政治经济制度的重要组成部分。政治经济制度对教育活动的制约表现在教育目标、受教育权利、教育管理体制以及教育内容等多个方面。教育目标的确立要充分考虑政治统治的需要，教育经常被作为政治统治的工具而存在。例如社会主义制度下，教育目标是培养社会主义事业的建设者和接班人，而资本主义制度下，教育目标是培养适合资本主义政治统治的公民。受教育权利则直接受到政治统治中的法律文件的规定制约，各级各类学校的管理体

制、经费制度等也是直接与政治管理体制相联系的，即使是在教育分权制的国家，教育管理体制也受到地方政府和财政因素的影响和制约。教育内容同样要受到政府的管辖，尤其是基础教育阶段的教育内容，各国通常都有严格的审查制度。在实行全国统一课程的国家，教育内容受国家制约的现象更为普遍和直接。

4.生产力发展水平对教育活动的制约

生产力发展水平对教育活动的制约主要体现在教育活动的基础和条件以及教育目标、教育内容、教育方式方法等方面。

首先社会生产为教育提供必要的物力和财力支持，没有生产资料的供给，教育作为一种消耗大量人力、物力、财力的活动是无法进行的。学校教育中使用的各种资源均来自物质资料的生产。物质资料生产状况的好坏直接决定了教育所需资源的获取是否充分。在一个资源极度匮乏的社会中要发展大规模的高质量教育是不可想象的。

其次，生产力发展水平也制约教育目标。教育究竟要培养什么样的人，培养具有什么素质和规格的人，固然要体现阶级意志并取决于制度的需要，即人才的规格首先是由政治经济决定的。但它同时也要受制约于社会生产的发展水平。当教育所培养的人进入生产过程，作为构成生产力的基本要素时，生产力对其提出的要求将起到决定性的作用，并最终决定教育的培养规格。

第三，生产力发展水平也促进着教育内容的更新、教育手段以及教学组织形式的变化。学校的教育内容、手段以及教学组织形式也是生产力和科学技术的反映。在古代社会学校所设的科目中，主要是哲学、政治、宗教等人文学科，这与当时生产力发展水平比较低下有直接的关系。在生产过程中，简单的物质生产仅靠师父带徒弟的教育方式就可以应付。因此当时的生产技术只是一种直接经验，表现为一种生产的方法，并未形成与劳动相分离的独立的理论形态，科学技术等知识与生产“原始地融合”在一起。随着生产力的发展和人们对自然界的认识不断深化，科学也在不断分化，学校课程门类开始增多，出现了代数、几何、物理、化学等学科。课程门类的增多直接导致的是教学方法和教学组织形式的改变，即由原来的个别施教到采用直观教学、演示实验的班级集体授课的教学方式和组织形式。以上的变化恰恰反映出生产力这一活跃的因素在教育内容演变过程中所起的作用，不断变化发展的生产力总是对相应的教学内容提出新的要求和挑战，使其不断地适应生产发展的需要。我们今天进行的课程改革也是在新时代下为适应生产发展的需要而进行的对教育内容的变革。如今，幻灯、电视以及以电子计算机为核心的多媒体现代教育手段等都已相继进入教室，大大改善了教学条件，多种形式的远距离教育（如网络教育、广播电视教育等）也都在迅速地展开。这些都说明，学校的教学内容是由生产力所决定的，教学手段和教学组织形式的更新也是随生产力的变化而变化的、发展而发展的。

5.社会精神文化对教育活动的制约

教育与文化历来是一对孪生姐妹，相互依存，紧密相连。广义的文化是指人类在社会生产实践和社会生活实践过程中所创造的一切物质财富和精神财富的总和。我们所讨论的不是文化的全部，只重点讨论其中的社会精神文化对教育的目标、观念、内容和方法等方面的重要影响。

首先，社会精神文化类型影响教育目标。教育作为一种价值引导工具，其培养目标也是受着文化影响的，社会文化类型不同，教育目标也会因之有所差异。以中国为代表的东方伦理型文化追求德、善、修身、内省；西方的知识型文化追求对客观世界的真理性认识。正如有些学者所指出的那样：“美国的教育是在努

力培养民主社会中确能适应生活需要的理想的公民……英国着重涵濡文化、陶融品性及形式心能之训练，以养成绅士风范。法国注重普遍教养及理智训练，其目的在造就才智出众的英隽。西德之中学教育则以培养德意志文化及为国为民，服务国家之精神为极则……”从中我们不难看出，文化对学校教育目标的一定影响。

其次，社会精神文化对教育内容的影响和制约。文化的性质决定教育内容的性质，文化的发展水平决定教育内容的水平。教育的内容就是人类积累创造的文化。从历史上看，封建社会的教育内容就是封建社会的地主阶级文化；资本主义的教育内容就是反映资产阶级需要的资本主义文化。我们今天的社会主义社会的教育内容，必然是反映着广大人民根本利益需要的社会主义新文化。文化的发展程度决定着教育内容的发展程度。不同的社会，不同的时代，不仅反映人类征服自然能力与程度的科学技术的发展水平不同，反映人类认识水平和精神文化建设程度的哲学、宗教、文学艺术、道德与法等也都存在本质的差别。而这些恰恰是一定社会的教育的主要内容。

第三，社会文化观念对人的教育观念的影响。首先，不同的文化观念影响到人们对教育的态度和行为。有的国家重视教育的发展，重视人口素质的提高对其社会高质量发展的重要作用。相反，传统、落后的社会则把社会的发展归之于政治制度的作用，不重视教育在国民经济发展中的作用，结果导致社会发展得缓慢。其次，文化观念也影响着教育思想的产生与形成。教育思想的产生与形成与当时社会的文化背景是分不开的，是在其基础上孕育起来的。如历史上黄炎培的职业教育思想、陶行知的平民教育思想都是当时实用主义哲学思潮的反映，而西方教育思想史上的卢梭、裴斯泰洛齐等“自然主义”的教育思想，则是对资产阶级上升时期呼唤人性、反对神性的社会思潮的回应。因此，任何时代的教育思想都不是空穴来风，都是当时一定社会文化背景的时代反映。此外，不同的文化传统对教育方法、学校教育和家庭教育的导向也都有重要影响。

（三）教育对社会的反作用

教育对社会的反作用表现为教育的社会功能。功能、职能、作用虽意义接近，但也可略做区分。职能是指事物或机构所具有的或所担当的专门职责，如农民要种田，学生要学习，工人要做工，这些都是他们的职能。职能是事物本身所具有的固有属性，是事物的职责和能力，它与事物的功能具有一定的关联性，是与事物直接同在的。而作用是通过人、事物、机构所具有的职责和能力而产生出来的一种功效与结果，是职能的外化。

1.教育的三大基本职能

第一，教育活动可以促进人类社会的延续和发展。人类社会的延续与发展的基础是两种社会生产，即物质生活资料的生产、再生产以及人自身的生产和再生产。两种生产的进行都离不开教育，教育是两种生产得以进行的重要环节。人并非生来就会劳动，人要成为一个能够制造和使用生产工具的劳动力，要使人成为一定社会下合格的社会成员，不能仅靠生理方面的自然成熟，靠劳动中的自发成长，还必须通过一定的教育和培养。劳动力的生产并非人口数量的简单增加，新一代要能适应一定的社会生活，能运用一定的生产工具，成为合格的社会成员，就需要教育，需要对劳动者进行劳动经验和文化科学技术的培养和训练。教育活动承载着促进两种生产进行的使命，这种使命体现出教育活动促进人类社会的延续和发展的基本职能。

第二，教育活动可以促进个体身心发展，加速个体社会化进程。培养人是教

育的本质属性或专门特点，是教育活动之所以是教育活动而非其他活动的根本特征。教育以有组织、有计划、有目的的方式进行着人的培养。个体在教育过程中实现了身心的发展，并以发展为基础快速地实现了个体的社会化。其他社会活动可能也有促进个体身心发展和加速个体社会化的功能，但是只有教育是将这种功能作为其自身的活动宗旨的，因此促进个体身心发展、加速个体社会化进程是教育活动的又一基本职能。

第三，教育可以传递知识经验、创新知识经验。教育具有传递知识经验、创新知识经验的职能。人类在漫长的社会实践中，创造了两种财富，即以物质形态表现出来的物质文化和以语言文字形态记载下来的精神文化。这两种社会财富所以能得以保存，并世代相传，并非由人的生物遗传实现，而是通过教育将这些人类的认识成果传递给下一代的，即社会的遗传。教育可以实现代际间知识经验的传递，将上代人积累的知识经验传递给年轻一代，由他们加以改进和发展，并借助教育继续向其后代传递。正是由于教育具有这种传递与创新知识的基本职能，才使得人类个体在其青少年时期可以迅速获得人类社会的各种知识经验积累，掌握社会的基本规范，实现个体的社会化，成为社会发展的新鲜力量。人类能够站在前人的肩上，借助历史的阶梯，推动社会不断前进，就是由于有了教育这个传递、积累与创新知识的重要环节。

教育这三个基本职能是统一而不可分的。教育正是通过知识经验的传递与人格的培养职能，体现出教育实现人的社会化的职能；而人的社会化就意味着人的发展符合社会发展的需要，这就必然表现出教育使社会发展延续的职能。教育这三种职能是紧密相连的，在人类历史上是同时发生作用的，其本质上的共同点都是培养人。所以说，为社会培养人是教育的根本职能。

2.教育的政治功能

教育要为维护特定的政治经济制度而培养一定社会所需要的人。国家控制教育的培养目标，政治统治通常将教育作为维护社会安定的工具。因此，社会主义的教育要培养社会主义事业的接班人，资本主义教育要培养适合资本主义社会的公民。教育的政治功能还表现为传播统治阶级的思想意识，维护和安定既定的社会秩序。政府通过控制教育内容实现以教育为工具进行有利于自己政治统治的思想意识的传播活动。在封建社会表现为愚民的教育，在资本主义社会表现为虚假的民主教育，在现代社会，教育的这种政治功能则表现得更为隐秘。

另外，在特定的历史时期，教育活动还可以直接介入社会政治活动，为当前的政治经济现实服务。学生的游行示威、学生参与的青年政治运动多以学校为基地展开活动。

3.教育的经济功能

教育的经济功能表现为促进经济的发展。首先教育可以实现劳动力再生产，教育可以为经济活动提供受过系统训练的劳动力。其次，对既有的劳动力，教育可以提高其劳动能力，从而提高经济活动的效率。另外，教育可以实现科学技术向生产要素的转变，将潜在的生产力转换成现实的生产力。教育将生产技术转移到人身上，掌握新的生产技术的人进入劳动领域，将生产技术应用到生产实践中，这便实现了将科学技术这种潜在的生产力转化为现实的生产力的过程。

4.教育的文化功能

人类文化的保存是不能靠种族遗传的，它只能靠教育这个社会遗传基因的作用。文化的传递是文化发展的前提条件，只有将前人创造、积累起来的文化通过各种途径传递给后人，后人在继承前人成果的基础上，才能有所更新和创造。

而文化的传递有多种途径，教育的作用尤为突出。只有通过教育将文化转移到人的观念中，成为社会生活和生产的精神武器，这种文化才能显示出其强大的生命力。学校教育产生以后，就一直在历史发展中起着承前启后传递人类文化的重要作用，这也是人类文化得以保存、发展和创新的关键之所在。

教育在对文化进行传递和保存的同时，还对文化进行加工创造和选择。尤其是选择，进入教育内容的文化将被很好地传递和发展，而未被教育系统采纳的文化则面临衰落和消失的危险。历史上很多文化就是因为没有政治和教育的认可而消失，同样也有很多文化因为进入教育系统而得以发扬光大，最典型的例子就是中国的儒家文化，在汉朝“罢黜百家，独尊儒术”政策的影响下，教育系统均以儒家经典为主要内容，儒家文化逐步成为中国传统文化的核心。

另外，教育还具有交流、吸收、融合文化的作用。教育内容中对其不同文化的介绍本身就是一种交流和融合，学校系统中的留学生教育则更为直接地进行了不同文化间的交流、吸收和融合。

5.教育的人口功能

教育可以提高人口素质。教育的本质是培养人，通过人的培养提高人的素质。因此，教育对人口的基本功能就是提高人口素质。教育可以帮助人们掌握优生优育的知识，可以帮助人提高身体素质，可开发人的智力，也可以提高人的心理素质和人的精神境界等思想素质。各国之所以广泛实施义务教育，强迫全体国民接受一定年限的基础教育，就是考虑到教育可以提高人口素质、增强国家实力。

教育可以控制人口增长。教育会影响人的生育观念，通过改变“生孩子越多越好的生育观念”可以实现对人口出生率的控制。教育还会占用人的大量时间精力，尤其女性，她们会因为接受教育而将生育子女的事情推后。在中国，一个人接受完本科教育的年龄大约在22岁，读完硕士学位大约在25岁，如果读完博士基本到了29岁，如果不接受教育系统教育，很多人在25岁左右即开始结婚生子。试想，100年的时间里，25岁生孩子的人大约要有4代人，30岁生孩子的人，大约有3代人，在100年的时间里就会少出生一代人。另外，如果女性接受较高程度的教育，她们通常不会轻易放弃自己的专业知识，会努力发展自己的事业，在事业发展和养育孩子的问题上，很多女性选择了发展事业，这也导致人口出生率下降。“丁克家庭”的出现，很好地说明了这个问题。

教育影响人口的迁移。高等教育本身就是一次大规模的人口迁移，高校从全国各地招来学生，这本是一次暂时迁移，学生毕业后，又是到全国各地工作，这又是一次大规模的迁移流动。另外，优质教育资源还会吸引其他地区的人口迁移过来，一所好学校就能成就一个大社区。

案例2–7　丁克家庭

丁克的名称来自英文Doubl.Incom.N.Kids四个单词首字母D、I、N、K的组合——DINK的谐音，Doubl.Incom.N.Kids有时也写成Doubl.Incom.an.N.Kid(Kids)。汉语解释是指那些具有生育能力而选择不生育，除了主动不生育，也可能是主观或者客观原因而被动选择不生育人群。

曾经数千年来，“不孝有三，无后为大”的传统观念在中国人的心目中根深蒂固。所以，“丁克家庭”很难成为全社会的生活潮流，但在夫妻文化程度都比较高的家庭里，这一观念却大有市场。证据之一是，从20世纪90年代初到90代末，在中国的各大城市里，“丁克家庭”的数量正稳步上升，其成为某个特定

阶层的婚姻时尚，也就在所难免。90年代中期一份对“丁克家庭”的调查问卷显示，选择不生育这一生活方式的主要原因中占第一位的是对中国人口问题的忧虑，第二位的是为了使自己生活得更轻松，第三位的是为了自我实现。中国的人口问题是自愿不育者最感痛心疾首的问题。他们说：“人口使我们的国家拖着沉重的步伐去追赶发达国家，太难了，我们对此感到万分忧虑！”第二位原因是为了生活得更轻松些。不少人认为周围的人和父辈生活得太累了。虽然有人直言不讳地承认自己的选择是享乐主义的，但许多人将追求享乐同追求轻松作了区分。一位被调查者说，追求享乐是追求刺激，追求瞬间的快感，但追求轻松却是逃避罪恶，追求一种适意、淡泊、优雅的生活，二者是有区别的。尽管有这些差异，自愿不育者给人总的印象是摒弃了传统中国人的忍辱负重、无条件地为后代牺牲的生活模式，更看重自身的快乐，不愿以牺牲个人的幸福、快乐和轻松为代价去换取被他们称为“身外之物”的传宗接代。第三个主要原因是自我实现。自我实现这一目标与寻求轻松的生活相比有较多的积极意味。有些调查对象提到生孩子会毁了自己的事业和成功的机会，尤其是一些中年夫妇，他们痛惜在“文化大革命”中被白白耗去的青春，想在事业上有所成就，不愿意为生养后代浪费自己的宝贵精力与年华。[1]

6.教育的环境功能

教育的环境功能表现在三个方面。首先是帮助人们认识到环境的重要性，增强人的环境保护意识。环境保护首先是一种认识问题，这种认识要依赖教育在社会中传播，才能最终形成全社会的统一认识。其次是改变人们关于人与自然的关

[1] 丁克家庭．百度百科．http://baike.baidu.com/view/32599.htm.2012.11.10.

系的观念。一直以来，人类中心主义价值观都有广泛的影响，以至于我们将自然界也看作是属于人类、服务于人类的，在人与自然的关系上较多地坚持利用、索取甚至剥夺的做法。其实我们应该认识到，人只是自然界中的一员，我们是自然界的一部分。教育有义务去传播这种人与自然和谐共处的观念。第三，教育增加人们改造环境的能力以及改造方向的科学性。对环境进行改造和适应要遵循一定的科学规律。仅有明确的认识但不掌握科学的方法，人与自然的和谐相处也是不能顺利实现的。教育要教人以关于自然的规律，帮助人更科学地处理人与自然的关系。

（四）教育对社会发生反作用的特点

教育对社会发生作用的特点主要表现为作用的整体性以及作用重心的转移性。

教育对社会的方方面面都有反作用，这种作用首先表现为对社会整体的作用。教育的政治、经济、文化等功能交织在一起，共同发挥作用，教育不会仅发挥其中一项功能而不影响其他社会活动的进行，他们是一个相互联系的整体。我们在研究教育功能的问题时不能人为地将其割裂，应通盘考虑教育作用的这种整体性。

教育作用的发挥具有整体性，但不是面面俱到地平均用力，而是具有不同的侧重点，表现为教育对社会的反作用具有重心的转移性。教育对社会作用的重心依社会的不同需要而发生相应的转移。如原始社会的教育主要体现出一种谋生功能，古代社会的教育突出的是政治功能，而现代社会则要求教育更多地发挥其经济的功能，环境问题日益严重的今天，教育又在逐步凸显它的环境保护功能。随

着生产力的发展，在未来的社会中，教育将更多地发挥其文化的功能和享受的功能，使教育更好地满足广大群众对科学文化的渴求。可见，教育功能的重心是随着不同历史时代的不同任务而不断变化和调整的。

第三章　新课程改革背景下教师的学生观

教师的主要活动对象即是学生。教师如何认识学生、如何认识学生的发展、如何认识学生的行为等问题都属于教师的学生观的问题。历史上不同教育思想家和教育思想流派对学生的认识和主要观点不同，由此就形成了不同的学生观。了解不同的学生观并依据既有的知识建构自己的学生观是新时期优秀教师必须具备的知识基础。本书将从学生观的内涵、有关学生观的主要观点以及我们新课程所倡导的学生观三个方面探讨这一问题。

一、何谓教师的学生观

教师的学生观是教师对作为教育对象的学生的全面而系统的认识体系。具体包括对学生身份的认识、对学生身心发展的认识、对学生行为的认识。

（一）学生的身份

学生这个词我们日常生活中经常使用，说到学生时大家都很少去追究它的确切含义。但是如果真的让你思考学生的确切含义，可能还真的一时说不清楚。作为专业教师，我们应该对学生的身份有准确的认识。

关于学生的学理定义，大体有三种观点。第一种观点是《辞海》与《教育大辞典》这些经典文献的解释。《辞海》中将学生定义为学校肄业或在其他教育研究机构学习的人，古时也称之为学子或学徒。《教育大辞典》中对学生做了两个

方面的界定：一是在各级各类学校或其他教育机构学习的人。二是泛指一切受教育的人。[1]应该说这主要是从描述的角度对学生进行的界定，从学生的活动范围和行为表现上来解释学生，我们认为这种界定没有揭示出学生的本质，就像把工人界定为在企业或工厂里从事生产的人，把农民界定为在农村里从事劳动的人，并没有揭示出工人、农民的本质一样。

第二种观点是在抽象的层次上界定学生，关注学生的本质属性，把学生的本质属性定位在以下四个层面：首先，学生是人；其次，学生是发展中的人；第三，学生是一个完成的人；最后，学生是以学习为主要任务的人。这是针对以往教育理论以及教育实践中忽视甚至否定学生作为人的属性提出的，这种观点承认学生有着人的一般属性，即具有能动性、情感性、创造性和人格的健全性；同时承认学生又有着不同于人的一般属性的特殊性，即学生具有发展性和以学习为主要任务。

第三种观点认为学生是学习的主体。这是从教育教学过程中师生相互关系角度来对学生加以界定的。学生作为教育的对象或教育的客体，不同于简单的“物”，而是主体，即具有认识能力、自主意识、主观能动性。对学生的这种认识目的在于提醒教育者在教育教学过程中要正确处理好教与学的相互关系，即所谓教师主导与学生主体相互作用的关系。对学生的这种界定与上一种对学生本质属性的认识没有实质性的区别。学生是人，是以学习为主要任务的人，是学习的主体，这种学生观是对旧时教育把学生当“物”甚至当作无机物处置的状况的否定，有着深刻的历史意义和现实意义。[2]

[1]　顾明远．教育大辞典[M]．上海：上海教育出版社，1992：238．

[2]　程斯辉、明庆华．关于学生观的新视野[J]．教育理论与实践，2001（02）：22．

（二）学生的身心发展

教师对学生的身心发展要有一个基本认识。这是教师的教育活动得以开展的基本前提。教师要根据这个前提来安排设计自己的教育活动。对学生身心发展的认识也有很多观点，主要关注的是学生身心发展的过程、身心发展的特征、身心发展的影响因素等问题。

这些问题在我国古代的人性论争论中就已有较多涉及，例如前文提到的性善论、性恶论和素丝说等。性善论强调人的身心发展过程指向一个基本的方向——善，发展的起点就有了善的种子，确立了发展的方向，发展过程中只需要提供各种所需条件和帮助，无需再考虑方向的问题。性恶论则强调人的身心发展必须经过系统的调整和梳理，如果不加控制，任其自然发展，那必然通向恶的结果。身心发展的起点有恶的倾向，发展过程中必须加以压制和改变。性无善无恶的素丝说则认为发展的起点没有任何倾向，人的身心发展全在过程之中，发展的结果完全取决于发展过程中的各种遭遇。身心发展的影响因素全在过程之中，发展过程中受到善的影响，那就可能发展为善，发展过程中受到恶的影响，那就可能发展为恶。

需要指出的是，学生的身心发展应该有身体和心理两个方面，然而现代教育中对学生身体发展的关注远远不够。当今时代，我们对于一个有能力的人的评价标准已经与古代发生了很大的不同。古代，有能力的人更多的指向一个人的身体官能，比如力气大，跑得快，爬得高，瞄得准等，这些能力都跟人的身体发展密切相关。但是在现代，我们说一人能比较有能力往往指向了这个人掌握了什么类型的知识，能够操纵什么机器设备，这些机器设备的使用和操纵实际上扩充了人的官能，在它们的帮助下，人能够有更大的力气搬运东西、更快的速度移动，

当然也可以看得更远、瞄得更准。然而这些能力的实现却不再主要依靠个人身体的发展，更多是在依靠个人知识掌握的丰富程度。这就直接导致在人的发展问题上，身体发展越来越不受重视，与科学知识密切相关的心智发展则成为教育活动的中心。

随着现代心理学、生物学、遗传学等学科的发展，我们对人的身心发展有了一些科学认识。我们逐步认识到人的心理发展和身体发展都是有客观规律的。遗憾的是，我们对这些规律的揭示还不够充分，这些规律与教育之间的关系还不明确。但是不管怎么样，自夸美纽斯以来的教育学家们都至少达成了这样一种共识：人的身心发展是有规律的，教育要按照这些规律办才能取得预期的效果，教育学的使命就是发现这些规律。

（三）学生的行为

学生的行为是指被叫做学生的人的行为。他们的行为不同于普通的人类行为。行为对错的标准应是学生的标准，而不是成人的标准。学生的行为包括学生的学习行为、学生的游戏行为、学生的交往行为、学生道德行为等多个方面。

作为老师，应熟悉学生行为的主要方面和行为特征，以便在教育指导学生的过程中可以游刃有余。如果教师不了解学生行为的特殊性，而用成人行为标准去要求和评判学生行为，将导致师生之间产生冲突，影响教育效果。例如，学生的学习行为不同于成人，他们的学习行为需要监督，需要鼓励，甚至需要哄骗才能得以进行，而且时间不能持续太长，成人的学习则没有那么多的限制。学生的游戏行为则容易沉迷其中，忘却很多事情，游戏中产生情绪的失控，游戏结果对学生日常生活影响深刻，甚至陷入游戏造成的悲观情绪或者兴奋状态而不能自持。学生的交往行为同样值得教师深入关注，学生之间的交往一般没有成人交往那么复杂，他们的交往关系比较单纯，目的性比较明确，一些交往目的经常被成人评判为幼稚，更为值得关注的是小学生的男女交往，小学生的男女交往即使出现了拉手拥抱等行为，仍不能依照成人出现这种行为时的标准来判定，小学生的这些行为只是在表达淳朴的喜欢，并非成人那种爱恋。总之，作为老师，能够认识到学生行为的特殊性，并用相应的标准去加以要求和评判，是其教育活动能否顺利进行的一个重要基础。

二、主要学生观介绍

（一）传统教育派的学生观

传统教育派并无明确的界定，这个概念是因一些新兴的教育主张出现后，为了与原来的教育主张相区别而出现的。主要是以德国的赫尔巴特所倡导的教育学为代表，尤其在杜威的教育哲学出现后，传统教育派和现代教育派逐步形成了对立的态势。

传统教育派中对很多问题都有大致统一的认识和主张，在学生观的问题上亦是如此。我们简要概括传统教育派的学生观，主要有如下几点主张：

1.学生是教育活动的一个组成部分

传统教育派认为学生是教育活动的一个组成部分，学生是被当作教育活动的要素来加以定位和设计的。这种定位下，学生的主体性往往被忽视，学生的需要虽然是作为教育活动进行的一个重要参考，但这里的学生的需要多是通过教育活动的主导者们猜测而得出的，也就是说，这里的学生需要并不一定就是学生真实的需要。

2.学生是教师加工改造的对象

学生是教师加工改造的对象，将学生作为教师教育工作的客体。这种定位将

学生视为一个客观的、等待加工完善的对象。人们会事先对学生接受完教育之后的结果有一个预设，然后按照这个预设组织教育活动，并将这种预设实现的具体操作交由教师来完成。负担这种使命的教师们往往将自己视为教育活动的主体，将学生的发展变化视为自己工作的结果。显然这样的认识忽视了学生的主动性，如果教育活动按照这样的方式来对学生进行定位的话，那要求教师们要具有高度的专业性和责任心，否则，教师的安排肯定会出现脱离学生真实需要的情况。

3.学生的发展是由外而内的灌输和填充

传统教育派认为学生发展的实现是由外而内的一种灌输和填充。学生知识的获取、价值观的形成是由外而内的。在这种认识下，教师、教材等都被作为外在于学生的知识的载体，教学成了将这些外在的知识传递到学生那里的过程。他们经常做的一个比喻是教师有一桶水，然后才可以分给学生每人一碗水。这里被比作水的知识是作为一种物由外而内地在教师和学生中间传递的。这里的教师俨然成为知识的分配者，学生则是知识的接收者，所以才有后来学习负担过重时的“填鸭式”教育之说。先不考虑这种传递是否真的存在，仅按照这样的由外而内的传递过程推演，我们也有必要了解学生接收了知识之后的消化和吸收情况。然而，传统教育派在这一问题上并没能给出让人满意的回答。

（二）布鲁姆掌握学习理论的学生观

布鲁姆是美国著名的教育学家和心理学家、掌握学习理论的创始人。1968年5月，布鲁姆发表了他的著名论文，提出了“为掌握而学”的观点。由此创立了掌握学习理论，随后，他又深入地研究和完善了这一理论，并逐步推广开来，在世界范围内产生了重要影响。

掌握学习理论有一个基本的假设：只要提供适当的先前与现时的事件，几乎所有人都能学会一个人在世上所能学会的东西。这个假设构成了布鲁姆的掌握学习理论的出发点和后续所有理论主张的基本价值倾向。实际上这个假设反映的是一种重要的学生观，一种充分肯定了学生的学习能力的学生观。我们这里之所以将布鲁姆掌握学习理论的学生观作为一种代表性的学生观提出来供大家学习思考，原因即在于此。

1.学生是具有强大学习能力的人

布鲁姆掌握学习理论的学生观首先确认了学生的学习能力，并认为学生存在一种强大的学习能力。这是一种较为彻底的确认，正如他的名言所说："只要提供适当的先前与现时的事件，几乎所有人都能学会一个人在世上所能学会的东西。"这种高度认可学生学习能力的学生观是对否定学生学习能力和对学生发展持命定论的学生观的批判和否定。

传统的学生观中，有观点认为学生没有学习能力，学生的发展是依靠遗传、个体的成熟逐步实现的。成熟优势说甚至通过著名的格赛尔双生子爬梯实验来证明学生发展的实现是依靠机体的成熟而不是依靠学习。一对双生子，其中一个较早地让其学习爬梯子，另一个不进行刻意的指导。结果，较早地学习爬梯子的孩子耗费了大量的时间精力才学会爬梯子，而且并没有直接的证据能够证明这个孩子会爬梯子的原因是学习而不是机体的自然成熟。另外一个没有接受爬梯子学习的孩子在成熟到一定阶段时，几乎依靠本能就具备了爬梯子的技能。由此，他们得出结论说，人的发展是依靠机体的成熟来实现的，而不是依靠学习。

另外的观点则更为直接地认为学生的发展是依靠遗传基因完成的，遗传基因中如果没有相应的潜在能力的准备，在后天对相关技能的学习是不可能取得成功的。也就是说，如果没有遗传做保障和提供潜在的可能，学习是无用的，根本不

会取得预期的效果。

布鲁姆显然不同意这些看法，他高度认可学生的学习能力，甚至极端地认为学生通过学习可以掌握任何知识和技能。先不讨论他们关于学生学习能力的认识是否正确，我们从学校教育活动实际出发，对学生学习能力的确认有着积极的意义。因为，正是学生学习能力的存在为学校教育得以在学生发展方面有施展空间提供了前提条件。

2.学生的学习能力不是天生不变的，是后天形成并可以改变的

学生的学习能力既然得到了确认，那么这种学习能力的性质是怎样的呢？布鲁姆认为学生的学习能力不是天生不变的，是后天形成的，并且可以改变。

在传统的学生观看来，学生的学习能力是个体的高度稳定或持久的特性。有些人具有学习能力，而另一些人则缺乏学习能力。造成这种差异的原因是遗传等不可抗拒的因素，在这种认识下，学校的任务就是发现学生学习能力的差异，并据此来对学生进行筛选和划分，学习能力差的可能被强行较早地结束教育过程，学习能力强的则安排他们接受更多更持久的教育。布鲁姆认为："这种设想是把学生分等，按能力分组以及选拔性教育机构的基础。世界上大多数学校都是建立在这一基础上，而学校当局、考试机构、教师、家长，最后连学生自己也开始接受这种设想。在大多数国家里，这种设想影响到学校指导实践、每个学生所受的教育年限以及个体可从事的专业职业。许多国家的经济、社会层次结构反映了这种结果。"[1]

直到今天，我们的班级中有很多的孩子会将自己学习成绩不好的原因归结为自己天生就是比较笨，很多的老师也会认为某几个学生学习成绩不好的原因就是

[1] 林永柏．布鲁姆掌握学习理论学生观评价 [J]. 外国教育研究，1993（02）：22.

脑子不够用，属于无药可救的范围，这些老师从内心深处已经放弃了这部分学生的发展。在布鲁姆看来，这是非常不公平的，而且这种学生观不应该出现在一个合格的教师的教育观念中。他提倡教师要将学生的学习能力看成是一种持续发展的东西，而不是天生注定一成不变的东西，教师对学习成绩不好的学生的指导不应仅局限在学业成绩上，还应将指导的精力放在学习能力的培养方面。

3.学生的学习能力有差异，这些差异跟家庭和学校环境有密切关系

学生的学习能力既然是后天形成的，那么后天的环境遭遇不一样，他们的学习能力可能就有差异。这种差异主要跟学生的家庭和学校环境有关系。布鲁姆否认了遗传等不可抗拒因素对学生学习能力的影响之后，为学生发展提出了一个崭新的领域——学习能力的发展。即除去学生知识技能的发展之外，学生还应发展自己的学习能力，学习能力有了高度发展之后，学生则可利用这种能力去学习其他的知识技能。

布鲁姆认为学生学习能力的形成主要受到来自家庭和学校环境因素的影响。1964年美国詹姆斯·科尔曼教授带领一个研究小组收集了美国各地4000所学校60万学生的数据，进行了美国教育领域所做的最大规模的调研。然后他们对这些调研材料大量地进行了分析，到了1966年，科尔曼向国会递交了《关于教育机会平等》的报告，这就是美国社会学史和教育史上著名的《科尔曼报告》。这份报告得出了很多结论，值得我们关注的一个结论是：当学生的社会经济背景这一因素在统计上被控制时，诸如设施、课程等学校因素对学生学业成就之显示很小的影响。这份报告的发表确认了学生的家庭和学校环境对学生学业成就的影响。布鲁姆则进一步将这种影响深化为学生的家庭和学校环境影响了学生的学习能力，而学习能力又影响了学生学业成就的取得。

（三）存在主义的学生观

存在主义（existentialism）是现代西方哲学的一个重要流派，产生于20世纪20年代的德国。二战时从德国传到法国，随即在法国影响逐步扩大，后来陆续传到美国、日本和其他西方国家，存在主义产生了重要的影响，尤其在青年人之间产生深刻影响。当时经济危机、世界大战、巨大的贫富差距给社会造成剧烈的动荡，引发了整个社会异常严重的道德问题。人与人之间的对立日益加深，整个社会充满了忧虑、烦恼和绝望。科学主义倡导的发展路线带来了飞速发展，但并没有给人们带来相应的幸福，反而成为人类反对自己、折磨自己和支配自己的东西。存在主义就在这种背景下产生，主要关注人的存在问题。它企图通过强调个人的存在来否认社会与外力对人的制约，追寻自我，反对“异化”。因而在西方社会中产生了广泛的影响。存在主义的影响不仅仅限于哲学领域，还扩展到文学、艺术、道德、教育以及宗教等意识形态领域。存在主义的主要代表人物有德国的海德格尔、雅斯贝尔斯，法国的萨特、马塞尔、梅洛·庞蒂，美国的蒂利希、怀尔德、巴雷特等人。[1]

存在主义哲学最著名的一句话是来自于萨特的名言：“存在先于本质”。意思是人首先存在着，通过他自己的自由选择而决定他的本质。萨特还说：“人不仅是他自己所设想的人，而且还只是他投入存在以后，自己所志愿变成的人。人，不外是由自己造成的东西，这就是存在主义的第一原理。”在认识论上，存在主义反对“认识”，强调自我的“内心体验”。人靠对个人的情感、意志的内心体验去规定自己，也靠内心体验和直觉去把握认识对象。既然人的主观精神是造就自我和决定世界的基础，因而无所谓理性认识的过程。存在主义在教育学领

[1] 张全新．试析存在主义的学生观[J]. 当代教育科学，2003（21）：18.

域产生重要影响，一度形成了存在主义教育哲学流派。诸如《存在哲学与教育学》、《存在主义与教育》、《生存的对话：哲学和教育学全集》等一批存在主义教育哲学著作问世，在教育领域产生重要影响。

存在主义教育思想家从存在主义哲学基本观点出发，批判了现存的教育制度和各派教育理论的一些主张，认为他们把人简单化、客观化了，实施的是一种看不到“人”的教育，只强调与个人自由存在相对立的东西，而忽视了人最本真的东西——个人的情欲与要求。存在主义认为教育的本质和目的在于人的“自我生成”或“自我创造”，或者说，“教育是发展关于自由选择以及对选择的意义和责任的认识的过程”。因此，存在主义者是十分强调学生的主体性的，并倡导一种独特的学生观。

1.学生是有主体性的人

存在主义确认了学生的主体性，强调尊重教育过程中学生的主体性，学生的个性在教育过程中应得到充分尊重。存在主义教育思想家主张师生双方是主体与主体的关系，而不是传统教育中倡导的主体和客体的关系。学生不是教育的客体，也不是教师活动的客体。但存在主义不否定教师的作用，相反他们非常重视教师的作用，认为教师是促使学生进步、帮助未成熟的学生完成“自我实现”的最直接影响者，而且教师在教育过程中也需要彰显自己的主体性。也就是说，在教育过程中，教师和学生都是有主体性的人，他们互为主体，他们的关系是一种主体间关系，也叫主体际性。学生独特而完整的个性应得到教师的尊重，教师不能将学生当成没有主体性的事物，而把自己的主观意志强加给学生。学生对学校教授的知识和道德规范不仅是消极的接受，他们应该从个人的角度，利用自己的主体性积极地去辨别和检验这些知识和道德规则对他个人生活的意义。学生来到学校学习知识和各种道德规则的目的也不是为了别的，而是为了个人的存在。学

生不能因受到知识、道德规则的影响而改造甚至泯灭了他自己的个性。

案例3–1　雪化了，只能说是水

一个北方学校的考试题“雪化了”，让学生接一句话。标准答案是“变成了水”。一个学生写到“春天就要来了”，由于和标准答案不一样就被评为错误。类似于此的现象在我们的中小学中时刻发生着。事实上，我们的教育从幼儿园开始就在追求所谓的标准答案了，一直追到大学。很多大学生由于十几年这样的教育已经不会自己思考问题，不会听课，不会记笔记，上课抓不住重点，甚至跟不上老师的思路……为什么？是我们基础教育一直追求标准答案的必然结果。这种教育生态下，学生的主体性逐渐被抹杀消失殆尽，最后我们培养出来的学生就是缺乏创造力和主体精神的标准件。

2.学生是有自由选择权的人

存在主义确认学生的自由选择权，提倡学生利用自己的主体性有意识地果断选择。存在主义者认为人的本质就是人的自由，每个人都有进行独立选择的自由。教育活动要鼓励学生进行自由选择，大胆按照自己的需求和欲望进行选择。那种强行在学生中间推行统一的价值规范、束缚学生自由选择、压制学生个性的教育应该受到严厉的批判，教育是要造就人的自由选择能力，而不是赋予人一种统一的选择能力。人应设计自己的未来，反对所有来自外在的、对个人的“决定论”。存在主义者看来，教师的主要任务就是依靠他渊博的知识将各种可供学生选择的情况客观地介绍给学生，教师应不带任何倾向地与学生交流各种选择的可能性前景，并鼓励学生根据自己的需求做出选择。

3.学生是要为自己的选择负责任的人

选择既然是自主自由的，那么选择的结果就应当被接受。存在主义者认为，学生的选择是自由的，因此承担选择的责任也是不可避免的。学生不但对行为的后果负责，而且也要对自己成为怎样的人承担责任，要“勇于成为他自己”。例如在存在主义倡导的道德教育中，存在主义不主张将道德标准强加给学生，而是提倡让学生自己选择道德行为，选择道德标准。有人担心这会带来严重的社会后果，如果有人不负责任地随意选择伤害社会其他人的利益的行为作为自己的标准，社会将陷入混乱之中。为了避免这种担心，存在主义极力主张，自由选择的前提是要对自己的选择负责。自由选择不代表学生可以随心所欲、为所欲为，因为他必须为自己的行为后果承担责任。[1]

（四）建构主义的学生观

建构主义既是心理学的重要流派，也是哲学的重要流派，在教育领域产生了重要的影响。一般认为瑞士的皮亚杰所创立的发生认识论开创了认知建构主义理论，后经柯尔伯格、奥苏贝尔和维果茨基等人的发展，逐渐形成了一个重要的教育心理学流派。建构主义重视个人经验和情境在人的发展中的重要作用。认为知识是主体主动建构的，不是由外而内地灌输进来的。他们主张在人的发展过程中重视人们已有的经验，并要求在类似于真实社会环境中进行学习。强调教育活动要结合学生实际、回归现实生活，在教育过程中一定要调动学生的主动性，学生的发展过程实际是学生主动建构有关世界的认识的过程。

建构主义理论也正在越来越广泛地被运用到教育教学的实践中，并显示出其强大的生命力。当前我国所进行的第八次基础教育课程改革，其中很多理念都深受建构主义的影响，很多老师将建构主义理论奉为教育教学的至上法典。在建构主义引入出现之前，教师在教学过程中处于中心地位，发挥主导作用，课堂教学

[1] 张全新．试析存在主义的学生观 [J]. 当代教育科学，2003（21）：19.

以教师的讲解为主要实施途径，以知识的传授为主要教育目的，学生在教学中是教师讲解的被动接受者，学生经常被比喻为被动地接受知识灌输的容器。在建构主义引入教学之后，学生变成了学习的主体，学生知识的获得不再是完全由老师灌输而实现的，而是靠学生的主动建构实现的，因此教学中开始强调学生对知识的主动探索、尝试，并最终建构起来有关客观世界的有意义的理解。

当然，建构主义也因为其主张的教育实践与当前的教育实践有较大差异而遭遇各种阻力，尤其在教学方式方法上，很多老师还不能完全地掌握和透彻地理解建构主义的一些方法。但是无论如何，建构主义都已经在我国的教育实践中产生了重要影响。建构主义影响下，很多老师的学生观也发生了改变，总结起来，建构主义的学生观主要表现在以下几个方面：

1.学生是学习的主体

建构主义对学生的第一个定位即是确立学生的主体地位，将学生定位为学习的主体。建构主义认为，学习是学生根据自己已有的经验积极主动地将新学习的内容纳入到已有的认知结构中，主动地建构教学内容的意义，学生发展的实现的关键环节是学生自己的主动建构，教师只是教学过程的组织者、指导者、促进者和帮助者。如果学生不能主动建构，那么教师所做的大量工作都无法取得预期效果。例如，目前建构主义开发出的三种比较成熟的教学方法是支架式教学、抛锚式教学、随机通达式教学。这三种教学方法都非常强调学生学习的主动性，强调在教师的组织下，学生是学习的主体。具体而言，如在支架式教学中，总共有五个环节，它们依次为搭脚手架、进入情境、独立探索、协作学习、效果评论。其中，前两个环节和最后一个环节是教师组织实施的，作为教学主体部分的第三、四环节则是先在教师的指导下进行，然后由学生独立完成。可见，学生在整个教学过程中是主动地进行探索、协商和讨论，随着教学的进渐，学生自我学习和

组织的能力逐渐增强，最后可以达到不需要教师的帮助而能够进行独立学习的效果。在这样的过程中，学生的主体地位已被充分地体现出来。教师在整个教学过程中，自始至终只是在组织、指导学生的学习，而不是向学生灌输，使学生成为被动的知识容器。因此，教学中的主体实现了由教师转向学生。同样，在运用抛锚式教学、随机通达式教学这两种方法的教学中，教师也只是教学的组织者和指导者；在整个教学过程中，学生均是处于积极的状态进行主动探索、主动建构、主动思考的认知主体。[1]

2.学生是具有独特个性的个体

建构主义重视学生自己对客观世界的意义建构，他们强调学生个人的意义建构对学生来说是最有价值的，因为不同学生的意义建构可能不一样，所以教师要将学生看成是具有独特个性的个体，而不能对他们进行统一的标准化假设。

建构主义认为，学习是通过意义建构实现的。意义建构的过程就是理解和掌握事物的性质和规律以及事物之间的内在联系的过程。这个过程通过建构主义倡导的“同化”和“顺应”两种方式实现。无论是同化还是顺应，都以学生已有的经验为基础，很多情况下，学生的已有经验是不同的，所以同化和顺应所形成的认知结构可能也不相同。在教学中，由于教师与学生及学生之间各自的经验是不同的，因而他们对同一问题的理解和解释也不会完全相同。持建构主义学生观的教师们会比较能接纳学生对同一问题的不同见解，充分地尊重学生的意义建构。因为在他们眼里，学生是具有独特个性的个体。

3.学生是有自己的生活世界的人

学生的生活世界不同于成人的生活世界。建构主义要求教师们充分认识到这一点，以便将学生看作是有自己生活世界的人。由此，教师们则更可能理解学生

[1] 涂元玲．论建构主义的学生观 [J]．当代教育论坛，2004（03）：40.

的行为，从而有针对性地对学生进行引导和教育。

建构主义教育思想的一个重要观点就是强调情境性教学。情境性教学是指教学应该在与现实情境相类似的环境中进行，这样既可以解决学生生活中遇到的具体问题，又可以很好地将教学内容与学生的实际经验联系起来，以促进学生更好地理解教学内容。情境性教育学给学生提供了大量的经验基础，有利于学生顺利地进行同化和顺应的意义建构。但要注意的是，学生所接触的情境应是学生的情境，不能是成人的情境，教师在进行情境设计时应充分理解学生的生活世界，然后设计与之相符的情境，不能简单将成人的情境移植到学生的情境教学中，更不能粗暴地以成人情境中的惯用思维范式和价值标准来指挥评价学生情境中的行为。可见，建构主义提倡的情境性教学是把学生看作一个生活中的人，教学要密切联系学生的生活世界。而且这个生活世界是学生所独有的生活世界，不是简单地将学生拉到现实生活中去体验成人世界。

建构主义之所以单独提出学生的生活世界，是因为学生的生活世界真的不同于教师的生活世界，按照学生的身心发展水平，他们是不能透彻地理解成人的生活世界的。如同目前一些教师抱怨无法理解学生的生活方式一样，学生对于教师的生活或教师所熟悉的人的生活也是难以理解的。脱离生活的教育教学其弊端是非常大的。从教学过程来说，由于过于抽象或教学中的生活不是学生自己的生活而让学生感觉陌生，会导致学生觉得学习枯燥无味，厌学怕学；从教学的实际效果来说，学生觉得学到的知识也是无所用处，收效甚微。[1]

三、新课程改革背景下教师应有的学生观

第八次基础教育课程改革在进行课程改革的同时带动了整个教育系统的改

[1]　涂元玲．论建构主义的学生观 [J]．当代教育论坛，2004（03）：41．

革，其中关于教师的学生观也出现了一些认识。学生不是知识的容器，不是纯粹符号系统的加工者，不是把知识仅仅作为“产品”或结果的接受者，不是教育者任意加工的对象，不是制度化组织中的“被压迫者”。在新课程改革背景下，学生到底是什么呢？新课程的各种要求促使教师改变过去对学生的认识，改变教师对学生学习的认识，也改变了教师对学生发展的认识和对学生特有行为的认识，这些改变集中起来逐步形成了新课程所要求的学生观。

（一）学生的身份

1.学生是生活世界中的人

多年来，学生被置于“书本世界”或“科学世界”之中，学生的生活、成长经验和社会现实成为课程和教学遗忘的角落，教育与生活脱离、课程脱离学生的生活及其经验是当前中小学教育中的通病。[1]新课程强调回归学生生活，联系学生生活和社会实际。这就要求教师对学生的身份有一个准确的认识，即把学生视为生活世界中的人，而不仅仅是“书本世界”和“科学世界”中的人。

学生作为生活世界中的人有两层含义，首先学生是人类社会成员中的一分子，他们应平等地享受人类成员的基本权利。社会不能因为学生这个身份而剥夺他们的权利。在以往的课程和教学中，经常出现不能尊重学生的基本权利的情况，例如教师不能充分尊重学生的人格，尤其面对学习成绩不好的学生时，更是以一种轻蔑鄙视的态度来处理与学生的交往。学生成绩不好是发展的问题，姑且不追求学生成绩不好的原因有多少是老师造成的，单就以学生成绩来掩盖学生全部表现的做法看也是有诸多不妥的。学生成绩不好是发展的问题，这不涉及学生的人格，教师面对的学生首先是一个应获得人格尊重的人，然后才是一个成绩发

[1] 郭元祥．新课程背景下学生观的重建[J]．天津师范大学学报（基础教育版），2003（03）：15.

展到什么程度的学生。

其次，学生作为一个有特定身份的人，他们有自己特定的生活世界。施之于他们的教育教学除了尊重学生作为人的基本权利外，还应尊重他们的特定生活世界所要求的基本权利。学生对这个世界有自己的理解，有特定的行为方式，作为老师，必须对此有充分的理解和尊重。生活中的学生不是抽象的人，而是具体的人、活生生的人。每个学生都有他自己独特的生长发展过程，都有他自己独立的个性，他们的生长和发展受到他们自己周围复杂的生活背景的影响。这种生活的背景因素涉及生物的、生理的、地理的、政治的、经济的、文化的、家庭的、社区的、国家的、世界的等方面。每个学生的生活背景因此也表现出巨大的差异，所以生活里的学生也各不相同。美国著名教育家古德莱德曾说："学生各不相同，其不同的程度远远超过了我们至今所能认识到的。学生是很难把握的。他们不会同样地成长起来。"[1]

另外，学生的认识世界也不同于成人，由于心理发展和时代经历的不同，学生对社会事务的理解可能不同于成人。新课程改革充分注意到了这种差异，要求作为教师的成人在教育教学过程中尽量先从学生的视角去理解学生，对学生的真实想法建立理解之后再对其进行引导和教育。

2.学生是发展中的人

新课程改革要求教师充分认识到学生是发展中的人。既然是发展中的人，那么学生的发展就尚未完成。联合国教科文组织国际教育发展委员会主席埃德加·富尔(Faure·E)在其向联合国教科文组织提交的著名报告《学会生存》中把人分为分裂的人(man divided)、抽象的人和具体的人(abstract and concrete man)、

[1]　郭元祥．新课程背景下学生观的重建[J]. 天津师范大学学报（基础教育版），2003（03）：17.

未完成的人(unfinished man)以及完人(complete man)等不同层次。相对于“完人”来说，学生是一种“未完成的人”。学生不仅在生理上尚未发育完全，而且在人格方面永远具有未完成性。教师意识到这一点后就不能用完人的标准来要求学生，新课程改革就是要避免部分教师观念中所具有的对学生的“完人假设”。

3.学生是可以与教师平等相处的人

新课程改革要求改变过去师生关系的对立和不平等状态，实现二者之间的民主和平等。以往的教育教学过程中，学生被看作教育的对象——教师加工改造的对象，教师因为其所掌握的知识权威而具有了交往权威，当教师的知识权威身份被认同时，顺带着在交往中教师的权威身份也被认同。于是学生在教师面前就失去了平等相处的权利，加之我们中国一直有尊师的传统，尊师、敬师、爱师的观念深入人心，因此教师和学生之间的平等相处很难实现。

新课程改革实施后，对这种情况形成了两个方面的改善，首先是在师生交往方面直接提倡民主、平等的师生关系。在学生没有意识到这种改变之前，由老师先主动地以民主平等的方式对待学生。其次是对教师作为知识权威形象的冲击，新课程中，教师不再作为知识的权威出现，而是知识探索的合作者、辅助者，随着这种知识权威身份的转变，交往关系中权威身份也会随之淡化。这也有利于民主、平等的师生关系的形成。

教师对学生身份的正确认识直接影响着教师与学生的交往，而与学生的交往方式不同则可产生极为不同的效果。著名教育家霍懋征老师左手和右手的教育故事可以引发我们深入地思考。

案例3-2　左手和右手的故事

从教期间，教育部要调她去工作，她答应只能“借调”；人民教育出版社请

她当编辑，她不去，只承担了教材的编审工作；全国妇联、北京妇联等单位都邀请她任职，但她最终都没有离开孩子和小学课堂。一次上课，一名学习成绩很差的学生举手，问到他却回答不上来。这名学生哭着说："老师，别人都会，如果我不举手，他们会笑话我。"霍懋征私下和学生约定，再提问时，如果会答就举左手，不会就举右手。以后提问，看到他举左手，霍老师就让他回答，右手就不提问，既保护了学生稚嫩的自尊心，也给了他表现机会。一段时间后，这名学生成绩进步很大。

（二）学生的学习

新课程改革要求教师对学生的学习也要有新的认识，要形成有关学生学习的新观念，这些观念包括学生的学习不是灌输，学生的学习不只是知识的获得，学生的学习离不开其积极性和主动性。

1.学生的学习不是灌输

学生的学习不能被理解为灌输的过程。将学生的学习理解为教师把知识由外而内地灌输给学生，然后由学生进行消化吸收，这样的理解在当前的中小学教师观念中有很大的市场。他们在这种观念指导下，往往一味地压制学生，严厉地管束学生，通过反复的训练让学生消化知识，通过机械的模仿和形式化的操作去评价学生。这种观念会造成学生学习负担过重、学生创造力缺失、学生有知识没能力等一系列问题。

2.学生的学习不只是知识的获得

学生的学习是一种全方位的学习，不只是围绕知识的学习，新课程提出的三维立体目标要求教师们在学生学习时要兼顾知识技能的学习、情感态度价值观的学习和基本的过程方法的学习。要将传统教育教学中提倡的"双基"改为"四基”。即由基本知识、基本技能的学习扩充为基本知识、基本技能、基本的活动经验、基本的过程方法的学习。

3.学生的学习离不开其积极性和主动性

学生真正的学习是离不开学生自己的积极性和主动性的。没有学生的积极性和主动性参与的学习是被迫学习，相反则是主动学习。被迫学习的起点未经学生选择，学习的方向学生也不明确，而主动学习的起点则有学生的选择，对学习的方向也有良好的预期。被迫学习的过程对学生而言比较痛苦，他们经常会想办法找机会逃出这种学习，整个过程中感受不到快乐，甚至对学习和自己的发展产生厌恶和抵制。对老师而言被迫学习的过程中需要时刻监督管教，大量的时间精力要被维持学习秩序占用，用于研究业务的时间精力大受影响，没有学生的积极配合还会导致教师情绪不高，教育过程中缺少情感和激情。被迫学习的结果不稳定，往往是通过测试就被迅速遗忘，而且被迫学习的结果中获取的知识不能被很好地利用，学习结果脱离学生实际。

（三）学生的发展

1.学生的发展是有规律可循的

新课程改革的实施要求教师要认识到学生的发展是有规律的，虽然目前我们对于学生身心发展规律的揭示还不够详细，有些问题还不能做出精确的解释和预测，但是这并不能成为教师不相信儿童身心发展规律的存在、不按照已经揭示的教育规律开展教育教学的依据，这只能说明教育学的发展还有很大空间，还有很多有待深入研究的问题。作为教师，一定要坚信学生的发展是有规律的，掌握了学生身心发展规律之后对学生进行的教育是最为有效的教育。有志于成为优秀教师的人还应该在教育教学中尝试自己探索发现儿童身心发展规律。

2.学生的发展受到复杂因素的影响

学生的发展受到多种因素的影响。影响人身心发展的因素理论告诉我们，人的身心发展至少受到遗传、环境、教育、主观能动性以及社会实践活动等五个因素的影响。而且这五个因素不是单独起作用，每个因素作用的强度、影响的范围也是不可控制的，因此学生发展是一个受到多重因素复杂作用的过程。教师认识到这一复杂性后，对学生发展结果的解释和发展目标的预期都要通盘考虑这些因素，不能对学生的发展进行简单化理解。

（四）学生的行为

对学生的行为的认识和理解有一点需要强调，即教师对学生行为的评价要往前提一个层次。很多老师都以这样的标准来评价学生的行为，学生有错误行为，教师批评学生；学生没有错误行为，教师不批评也不表扬学生；学生有了好的行为，教师表扬学生。其实这种对学生行为的认识是不符合新课程的教育精神的。新课程实施后，教师对学生行为的评价应该往前提一个层次，即学生有错误行为，教师应该耐心地指导教育学生；学生没有错误行为，教师应该表扬学生；学生有好的行为，教师则应更大力度地表扬学生。

1.学生犯错误属于正常行为

学生是处在发展完善中的个体，之所以以学生的身份出现在教育领域中，就是因为他们需要学习和指导，他们不能总表现出正确的行为。或者可以这样说，儿童的学生身份确认是一个需要广大教师和家长们认真对待的基本事实，即学生犯错误属于学生的正常行为。正是因为他们处在不断的发展完善之中，所以他们才会总犯错误，才会需要老师和父母的指导与帮助。如果他们不犯错误，那么他们还需要教育干什么？因此，新课程改革强调教师们要树立一种新的学生行为观，学生犯错误属于正常行为，不要把学生的错误当成真正的错误，用成人的标准来应对，应把他的错误行为看作一个儿童尝试完善和发展自己所必须经历的生命过程的一部分。

2.学生没犯错误属于应得到表扬的行为

当我们确认了学生犯错误属于正常行为之后，对于一段时间里没犯错误的孩子就应该表扬。因为对他们来说，保持那么长时间不犯错误也是需要付出自己的努力的，他们应该因这份努力和这样一个无错误行为出现的结果而得到表扬。作为教师，我们不能吝啬手中所掌握的表扬和称赞学生的权力。一方面因为他们的行为应该得到表扬，另一方面也因为表扬作为一种重要的教育手段，在学生的发展过程中具有不可估量的作用，新课程提倡多表扬和鼓励学生正是基于这样的考虑。

3.学生做出我们期望的行为应该大加表扬

同样，在学生表现出了我们期望的行为时就应该大加赞扬。对于学生而言，能够按照教师的要求表现出相应行为，不仅仅是听话的问题，他们还要克服很多儿童固有的行为缺陷，做出额外的努力，属于需要付出较多努力才能表现出的行为。因此，应该加大表扬力度。

第四章　新课程改革背景下教师的教师观

一、何谓教师的教师观

教师的教师观是指教师本人对教师职业、对自己的工作所形成的系统认识的总和。教师观是一名教师从事教育工作的思想基础，新课程改革实施后，在教师的角色定位、师生关系以及教育过程中教师的地位和作用等问题都有了一些新的认识，甚至是与传统认识尖锐对立的新认识。作为新课程的直接实施者，教师们有必要了解新课程改革背景下教师应有的教师观。

教师的教师观包括哪些内容呢？有学者研究认为，从内容的角度看，教师观应包括教师的本质含义，对教师历史地位和作用的认识，教师的教育教学思想，教师职业劳动的特征与教师职业道德观，教师的知识、能力和整体素质，教师教育教学活动的基本方法和手段，教师角色及角色规范，教师角色扮演及行为模式，教师角色职业社会化的内容，教师选择、培养和教师成长的基本规律等一些基本问题。[1]上述观点比较全面，基本上囊括了有关教师和教师工作的所有认识。本书尝试对教师观的具体内容作层次划分，以便教师们能够更简洁明了地掌握教师应具备的教师观。

教师的教师观是指教师本人对教师职业、对自己的工作所形成的系统认识的

[1]　郭兴举．论存在主义的教师观 [J]. 教育学报，2006（03）：75.

总和。这些认识可以分为三个层次。第一层次是教师对教师职业的认识，即职业特殊性，通过教师这个职业与社会上诸如医生、律师等其他职业之间的差别来确认对教师职业的认识。第二层次是教师对教学业务的认识，着眼点放在教师的工作方面，也可理解为对教师劳动的全面审视。诸如教师工作中面对的作为教育内容的教材、作为教育对象的学生以及作为管理对象的班级等，当然还包括教师工作的性质、意义以及特征等方面都在这一层次。第三层次是教师对本人的认识。教师对自己是一名教师所形成的自我认识，包括自己的职业理想、工作理念等方面。

二、主要教师观介绍

因为教师观的内容涉及面比较广，很多教育思想家和教育学派对这些问题的回答都不尽相同，因此当前学术界关于教师观的研究非常丰富，为了给教师们呈现一个尽量全面的有关教师观的研究，本书将选择若干有代表性的教育思想家和教育思想流派对教师观的认识做全面介绍。

（一）孔子的教师观

孔子(公元前551年—公元前479年)，春秋战国时期鲁国人(今山东一代)，是我国古代著名的思想家、教育家，儒家思想的创始人。孔子是中国最早的私学教师，他一生从事了大量的教育实践，后人从他的教育实践中总结出很多至今仍然闪耀光华的教育思想。

孔子的教育实践包括招收大量弟子，而且是循着“有教无类”的原则广收学徒，他大约30岁开始收徒讲学，直至晚年，一生未停止作为一名教师的工作。一般认为孔子有弟子3000人，其中贤人72位。孔子的另一重要教育实践是他手定了中国最早的一套教材。这也是迄今为止中国最有影响的一套教材。史书记载孔

子删诗书、定礼乐、修春秋、序易传。最终形成了《诗》、《书》、《礼》、《乐》、《易》、《春秋》六部儒家经典。这六部儒家经典除了秦始皇时焚书坑儒，《乐》经失传外，其余五部经典被称为五经广为流传，在中国封建王朝作为官方教材盛行了2500多年。

孔子的教育实践深刻地影响着后人，孔子作为教师的教育行为后世敬仰，"万世师表"、"至圣先师"的美名在今天还被广泛传颂。作为新时期的中国教师，我们理应了解孔子的教师观。孔子并没有明确提出他的教师观，但是我们从《论语》等典籍中以及从孔子的教育实践记载中可提炼出他关于教师的认识。

1.对教师职业——有教无类、诲人不倦

孔子对教师职业的理解有三点值得关注，一是在教师招收学生的问题上要有教无类。孔子所说的有教无类是指不分种族、贫富贵贱，皆可入学读书。教师这个职业要公平地面对每个学生，作为教师，只要有学生虚心地向他请教，教师就应当耐心地予以解答。教师不能因为学生的家庭背景等原因而决定是否教或者是否认真地教学生，教师对学生应一视同仁。因此有孔子"自行束脩以上，吾未尝无诲焉"的说法。孔子正是坚守这样的教师职业操守，所以孔子的弟子中有各式各样的人。例如孔子弟子中有贵族和富家子弟子贡，还有穷居陋巷、箪食瓢饮的颜回，有三天不举火、十年不制衣的曾参，有北方卫人子夏，有南方吴人子游。

第二是在教授学生方面要有诲人不倦的精神。孔子说"学而不厌、诲人不倦"。作为教师要有学而不厌、诲人不倦的精神，教师首先要学好，自己不断地提高，然后才能教好，毫无保留地教授学生。孔子认为教育是充满爱的事业，教师对学生要有爱心。把仁者爱人的精神倾注在学生身上，对学生怀着深厚的感情全力教诲。他说："爱之，能勿劳乎，忠焉，能勿诲乎。"孔子还提倡作为教师要对学生真诚无私，传授知识毫无保留，不要有教学生时“留一手”的自私心理。他说：“二三子以我为隐乎？吾无隐乎尔，吾无行而不与二三子者，是丘也。”

第三是孔子对教师职业还提出要以身作则的要求。他说：“其身正，不令而行，其身不正，虽令不从。”还有“不能正其身，如正人何？”的经典论述。教师往往被看作正义和真理的化身，其一言一行、一举一动都对学生产生深刻的影响。如果教师只重说教，往往流于空洞，如果教师自身不能按照言教于学生的而做，则更不会有教育效果。因而失掉教育的力量，甚至可能起到反作用，适得其反。

2.对教师工作——因材施教、教学相长

孔子对教师的工作提出两点非常经典的主张，即因材施教和教学相长。直到今天，这两点主张还深刻地影响着我们的教育实践。

因材施教是要求教师在教学中要解决统一要求和个别差异的矛盾。教学在照顾统一要求的同时要尽量从学生实际出发，根据学生的资质、性格、才能、志趣进行教育。孔子没有明确提出因材施教，宋代的朱熹概括孔子教育思想时指出：“夫子教人，各因其材。”遂有因材施教的名言。因材施教的前提是了解学生，孔子就十分注意观察学生，并有深刻了解。“柴也愚，参也鲁，师也辟，由也喭。”这就是孔子对其弟子的观察和了解。他还提出了观察了解人的重要方法：“视其所以，观其所由，察其所安，人焉廋哉?人焉廋哉?”可见孔子在了解学生方面做了相当多的工作。

孔子不仅有这样的认识，而且有对这种理念的落实。《论语》中记载了一个非常著名的故事，也是因材施教的最著名的案例，即“闻斯行诸”的故事。

子路问："闻斯行诸？"子曰："有父兄在，如之何其闻斯行之？"

冉有问："闻斯行诸？"子曰："闻斯行之。"

公西华曰："由也问闻斯行诸，子曰：'有父兄在。'求也问闻斯行诸，子曰：'闻斯行之。'赤也惑，敢问。"子曰："求也退，故进之；由也兼人，故退之。"

这段对话中，我们可以清楚地看到孔子因材施教的做法。都是孔子的弟子，问了同样的问题，但是孔子却给出了不同的回答，不是因为对弟子们有偏见，而是因为弟子们脾气性格不同，因人的秉性的不同而进行最为有利于弟子发展的指导。

孔子在教师工作的方面的另一主张是教学相长。教学相长的意义非常丰富，孔子是在强调教师要为人谦虚、并和学生一起进步的意义上强调教学相长的。孔子的为人非常谦逊，学生把他看作是圣者，但他从不以圣者自居，他常说："若圣与仁，则吾岂敢？"他说自己只不过是学而不厌、诲人不倦而已。而且常常以"德之不修，学之不讲，闻义不能徙，不善不能改，是吾忧也"的话来勉励自己。他要求自己在学习上要做到"毋意、毋必、毋固、毋我"。就是说，不要任意揣测，不要盲目肯定，不要拘泥固执，不要自以为是。这些要求对今天的教师来说，都具有切实的指导意义。[1]

他和学生的关系是平等的、相互学习的，与学生谈问题总是持互相讨论的态度，而且常常从学生的体会中去寻求对自己的启发，而且相互学习的态度表现得非常明显。当他问子贡"汝与回也孰愈"，子贡回答说："赐也，何敢望回，回也闻一以知十，赐也闻一以知二。"孔子不但给予肯定，并补充说："弗如也，

[1] 黄济．万世师表——谈孔子的教师观 [J]. 教育科学研究，2003（01）：45.

吾与汝弗如也。”孔子能够与学生坦诚地交流学习心得，并坦诚地承认在一些方面不如自己的学生，这正是他持教学相长思想的具体表现。

他还向学生提出“当仁不让于师”的要求，要学生服从真理，不盲目崇拜个人，在真理面前是人人平等的。他对比较喜爱和比较有悟性的学生颜渊曾经说过这样的话：“回也非助我者也，于吾言无所不说。”他是在指责颜回对他总是欣然接受，不提反对意见。孔子其实不希望学生对他言听计从，他要求学生要通过自己的思考，有分析地接受教师讲的话。这种尊重学生主体性的做法，正是我们今天新课程改革中要求老师们秉承的教育观念。

3.对师生关系——爱生如子、患难与共

孔子作为老师，对学生展现了无微不至的关怀，开创了我国师生关系亲密、师生情谊深厚的传统。孔子除了关心学生的学业之外，对学生的生活和事业也有较多指导，达到了爱生如子的地步，有时甚至超过对其儿子的关怀。“鲤趋而过庭”的故事很好地说明了这一点。孔子的儿子孔鲤和孔子的弟子们一起跟孔子学习，《论语》中记载：有一次孔子的一个学生陈亢问孔鲤，“子亦有异闻乎”，就是说你在孔子那里是否得到与众不同的传授。伯鱼（孔鲤）肯定地告诉他没有这种事：“未也。尝独立，鲤趋而过庭。曰：‘学《诗》乎？’对曰：‘未也。’‘不学《诗》，无以言。’鲤退而学《诗》。他日，又独立，鲤趋而过庭。曰：‘学《礼》乎？’对曰：‘未也。’‘不学《礼》，无以立。’鲤退而学《礼》。闻斯二者。”就是说，伯鱼听到孔子的教导，只是有关学《诗》和学《礼》这二个问题。听到这段对话后，陈亢就兴奋地说：“问一得三，闻《诗》，闻《礼》，又闻君子之远其子也。”从这个事例中，可以看出孔子对他儿子的教育，同对他学生的教育并无二致，可见他是视生如子。

孔子爱生还体现在他对学生的健康非常关注。对学生的病与死更是满怀激情的关怀和哀悼。如“伯牛有疾，子问之，自牖执其手，曰：‘亡之，命矣夫！斯人也，而有斯疾也!斯人也，而有斯疾也！’”亲握其手，反复其言，足见其情感之深切。更为让人感动的是孔子晚年时他最心爱的弟子颜渊去世。“颜渊死，子哭之恸”并大声疾呼：“天丧予！天丧予！”不但哭之恸，而且唤天呼地，认为这是老天爷要他的命。反复疾呼，其哀恸之极可见。[1]

孔子可与弟子患难与共。孔子一生多次遇困，每当此时，他都能与身边的弟子患难与共。大家都比较熟悉的一次是孔子周游列国时被困在陈蔡，而且断粮，“在陈绝粮，从者病，莫能兴”。在这种情况下，孔子仍然能和弟子坚持论道，鼓舞士气，最终成功脱险。这些经历都显示了孔子与其弟子患难与共的亲密关系。

（二）杜威的教师观

杜威(John Dewey，1859—1952)是美国教育史上影响最大、争议最多的教育家之一。他提出的教育理论涉及多个方面，对美国乃至世界教育发展都产生了重要影响。曾经一度，杜威的教育理论指导了整个美国的教育改革，其思想也迅速地传播到欧洲和中国，并深刻地影响了当地的教育实践。时至今日，杜威的教育著作仍然是美国、中国高校一些教育学人的必读之作。他最重要的教育学名著是《民主主义与教育》，这本书被称为教育学史上三大里程碑式的著作之一。另外两本是柏拉图的《理想国》和卢梭的《爱弥儿》。

杜威提出颠覆传统教育理论的三个重要命题，即教育即生长、教育即生活、教育即经验的改造和改组。以此为基础他反对传统教育中以教师为中心而忽视学

[1]　黄济．万世师表——谈孔子的教师观 [J]. 教育科学研究，2003（01）：45.

生的做法，提出教育中的儿童中心主义。该观点往往被认为必然是否定教师在学校教育教学中的主导作用，弱化教师在整个教育过程中的作用，美国一些学者还把美国基础教育质量低下的原因归咎于杜威所倡导的实用主义教育实践，而实用主义教育实践中被广为批评的就是它对教师作用的弱化。那么杜威作为一个影响深远的教育思想家，他的教师观到底是什么样的呢？本文尝试做出以下几点分析：

1.教师是学生思维能力发展的引导者

杜威说："教育在理智方面的任务是形成清醒的、细心的、透彻的思维习惯。""必须以反省思维作为教育的目的"，"学习就是要学会思维"[1]。教师的任务就是要使儿童学会思维，教师要做学生思维能力发展的引导者，是个体经验改造要达到的首要目标。理智因素应在人的总体素质中居于主导地位，所以杜威要求教师们将培养儿童的思维能力作为重要的目标。

2.教师是教学活动的发起者和组织者

杜威特别强调活动教学，而教师对于活动教学而言，他们应是重要的发起者和组织者。杜威从他重视学生经验的教育哲学观出发，提出要在做中学。因此主张改变传统的课堂教学中心的模式，采取活动教学，让学生在活动中积累经验，从而实现发展。这就要求学校教育中要较多地采用活动教学。杜威所言的在活动中学习并不是漫无目的活动，而是有组织的系统活动，这些活动要经过严密的设计和规划，而进行这项工作的人就是教师。因此即使从教师主导的课堂教学转变为学生为中心的活动教学，教师的作用和责任也不应被削弱，从某种意义上讲，可能还是一种更高的要求，因为有些活动的组织和设计对老师而言确实是一种挑战。

[1] 杜威著，姜文闽译．我们怎样思维，经验与教育［M］．北京：人民教育出版社，1991：63.

3.教师是学生身心发展的研究者

杜威认为作为教师要了解学生已达到的身心发展水平，教师要去研究“学生先前的经验和以前学过的知识有什么可以利用的，怎样帮助学生形成新旧知识之间的联系；需要采用哪些手段和方法来激发出学生们渴望学习的动机；怎样才能把教材讲清楚，并使学生记牢教材；怎样才能使教学个别化，要使它既具有某些显著的共同特征，而又能适合于每个学生的特殊需要和个别爱好”。简单地说，杜威实际是主张教师要去研究学生，通过研究来决定教什么和怎么教的问题。

教什么的研究实际要建立学生的兴趣和学生完成社会化的知识需求之间的联系。教师要研究学生的心理，了解他们的发展规律和兴趣特征，然后将这些特征与将要传授给学生的知识之间建立联系，把知识以学生感兴趣的方式呈现出来。怎么教则是针对教材和教学方法展开研究。杜威认为传统教育中的教材和教法，不符合心理学要求，超出了儿童的接受能力，因此不能满足儿童的兴趣与需要。其结果是“学校的教材和学生的需要、目的脱离，仅仅变成供人记忆、在需要时背出来的东西”。教育因此变得机械和死板，学生学习缺乏积极性。杜威在《儿童与课程》中说道：“作为一个教师，他并不关心对他所教的科目增加些新的事实，提出新臆说或证实它们。他考虑的是科学的教材代表经验发展的某一阶段和状态。他的问题是引导学生有一种生动的和个人亲身的体验。因此，作为教师，他考虑的是怎样使教材变成经验的一部分。在儿童的可以利用的现在情况里有什么和教材有关怎样利用这些因素。他自己的教材知识怎样可以帮助解释儿童的需要和行动，并确定儿童应处的环境以便使他的成长获得适当的指导。他考虑的不限于教材本身，他是把教材作为在全部的和生长的经验中相关的因素来考虑的。

这就是使教材心理化。”[1]

4.教师学生发展的辅助者

杜威不同意由教师来通盘设计学生的发展。他认为教师应该在学生发展过程中扮演辅助者的角色。即发展的方向由学生来决定，发展的方式方法由老师来辅助。所以他在教育基本理论方面主张不要在教育以外给教育活动设定一个目的，教育没有目的，教育本身就是它的目的。由教师在学生发展过程之外强加给学生一个发展目的，预设一个发展目标，然后由教师去设计发展的方式方法，给学生选好要学的内容，要做的习题，诸如此类的做法，在杜威看来，都是不适宜的。教师应该以一种学生发展的辅助者的身份出现在教育过程中。

（三）福柯的教师观

米歇尔·福柯（Michel Foucault，1926－1984），法国哲学家和思想系统的历史学家。他对文学评论及其理论、哲学、批评理论、历史学、科学史、批评教育学和知识社会学有很大的影响。他被认为是一个后现代主义者和后结构主义者。

福柯在对当代社会进行分析的时候也涉足了教育领域。他从他的知识/权力理论出发，认为18世纪以来的学校进入了规训时代，规训时代的学校是一个针对学生进行规训的机构，教师作为学校的一线工作人员，是实施这种规训的最直接人员。因此福柯对这个时代的教师进行了系统的剖析。下面从福柯对教师在整个时代的身份定位、职能定位以及教师行使职能的手段和策略三个方面进行简要介绍。

[1] 赵晓艳．试论杜威的教师观及其对教学改革的启示[J]．西北民族大学学报（哲学社会科学版），2005（05）：110．

1.教师是社会规训机制的一个环节

福柯认为社会作为一个大的规训机构，其运作需要特定的机构和个体来进行监视和规训。学校作为整个社会中的一种规训机构，发挥着重要的作用，学校里的教师就成了最佳的规训监督者。一方面，教师作为学校里直接与学生交往的工作人员，他们要对学生进行规训和监督，另一方面，教师作为工作人员，也受到上一级的规训和监督。在规训时代的学校里，教师实际上成了一个处在中间环节的工作人员，他们兼具监督者和被监督者的双重身份，是完成社会规训机制的重要环节。

2.教师的职能是规训学生

教师既然处在整个规训机制的中间环节，他们要发挥的职能即是规训学生。教师对学生的规训主要从以下四个方面进行：

第一是空间分配。空间被教师分割为不同用途的场所，教师通过将学生安置在不同的场所对学生进行规训。例如教师给每个学生指定座位，学生按特定的等级来分配位置，福柯认为这种安排将使“那些不修边幅的邋遢家长的孩子与那些精细整洁的家长的孩子分开；将任性轻浮的学生安置在两个品行端正的学生之间，使放荡的学生独处一隅和夹在两个本分的学生之间”[1]。第二是对活动的控制。福柯认为教师对学生活动的控制主要是制定一个活动的时间表，各种活动必须按照时间表来完成。教师在此基础上给每个动作以时间上的规定，并让肉体与姿势联结起来。通过一系列安排可以使学生“肉体可以接纳特定的、具有特殊的程序、步骤、内在条件和结构因素的操作”[2]。第三是创生的筹划。创生的筹划是

[1]　福柯．规训与惩罚[M]. 北京：生活·读书·新知三联书店，1995：167.

[2]　福柯．规训与惩罚[M]. 北京：生活·读书·新知三联书店，1995：175.

指教师通过新的权力技术“控制每个人的时间，调节时间、肉体和精力的关系，保证时段的积累，致力于利润的持续增长和最大限度地使用稍纵即逝的时间”。这样教师可以通过分解教育来规定适合于不同学生的训练。第四是力量的编排。福柯认为教师不仅可以在上述一系列方面对学生进行规训，还可以在班级内部机制的编排中实现教师规训，在这个过程中教师按某种“部件”来组合学生，并制定详细的命令系统。[1]

3.教师使用主要层级监视、规范化裁决和检查等规训策略

关于教师如何进行规训，福柯认为主要有三个策略。一是层级监视，二是规范化裁决，三是检查。

层级监视是指借助监视而实施纪律的一种机制。层级监视的内涵是在规训机构中构建出一个金字塔式的监督人员机构，从而实施上下级之间的监督。例如学校从学生中选出班长、观察员、探访员、课代表等，由此教师就在班级中构建了一个层级监视的网络。最底层的是普通学生，然后是课代表、观察员、探访员之类被老师选出的中层监督人员，之后是班长、老师，这些监督人员，而教师的背后则是学校。一种明确而有规则的监督体系就被纳入了教师教学实践的体系中。[2]

第二是规范化裁决。规范化裁决主要是指教师根据纪律中的规定对学生的行为、举止等进行判断，然后根据其是否违犯纪律来决定是否受处罚或奖励。规范化裁决是一个双向的规训手段。既有正面的规范，还有违反规范要接受的惩罚。教师正是通过规范化裁决在这种对学生行为的惩罚和奖励中实现对学生价值观和行为方式的规训。

[1] 余清臣．福柯的教师观 [J]. 教师教育研究，2004（11）：39.

[2] 余清臣．福柯的教师观 [J]. 教师教育研究，2004（11）：40.

第三是检查。福柯认为检查实际上是层级监视的技术与规范化裁决的技术结合，检查的作用是为了“显示被视为客体对象的人的被征服和被征服者的对象化”[1]。教师的检查首先要进行的是各种规律性的监视，在特定时间和地点对学生进行特定方面的监视，然后把监视的结果与事先制定好的标准进行对照，这种对照同样可以完成规范化裁决具有的分类和规训的功能。检查可以说是一种综合的管理方式，检查一方面可以把可见状态转变为权力的行使，考试就是一个明显的例子。检查另一方面也可以把人归进一个规范的数量化系统，其实也就是将人送进一个规范化模式，使人能够根据规范改造自身。[2]

（四）建构主义的教师观

建构主义作为一种教育思想深刻地影响着中国的教育实践。除前文所述的建构主义学生观外，建构主义也有有关教师观的论述。建构主义关于教师角色及其作用的见解和认识对传统教师观做了大幅度的解构，甚至可以说在某种意义上颠覆了传统的教师观。

建构主义认为教师不是传递知识的“工程师”，而是苏格拉底倡导的“助产士”，教师的作用不在于给予学生“真理”，而是在确定的经验领域里，在意义建构上给予学生支持；教师不是支配学生学习的权威者和控制者，而是学生建构知识的帮助者、引导者与合作者；教师在教学活动中要有正确的角色认知并处理好角色互换；教师教育应按建构主义的理解和要求来确立培养目标。[3]

1.教师不是知识的代言人

建构主义认为知识是学生主动建构的，知识并不是从教师那里传递到学生身

[1] 福柯．规训与惩罚[M].北京：生活·读书·新知三联书店，1995：208.

[2] 余清臣．福柯的教师观[J].教师教育研究，2004（11）：40.

[3] 张桂春．简论建构主义教师观[J].教育科学，2006（01）：49.

上的。因此传统的将教师作为知识的代言人、知识的传播者的观念，在建构主义者看来是不正确的。建构主义倡导学生在体验的过程中自己建构有关客观世界的理解，甚至将教师作为他们要理解的客观世界的一部分。

2.教师不是学生知识建构的控制者

学生建构知识的过程是学生主体性发挥的过程，这一过程中教师要发挥作用，但不是发挥控制和主导作用，而是发挥辅助和引导作用。教师不要将学生发展的全部过程理解为自己加工改造知识和学生的过程。而应该理解为学生加工改造知识、通过同化和顺应形成自己关于客观世界的个性认识的过程。这一过程中，教师要做的就是为学生的知识建构提供帮助和指导，提供必要的条件。

3.教师要与学生建立平等的交往关系

在教师不对学生的知识建构进行全程控制的情况下，师生的交往关系也会发生变化。传统的师生关系因为受到教师专业权威的影响，学生对专业知识的学习与崇拜扩展到对教师的学习与崇拜，导致了师生交往的不平衡。建构主义在解构了教师在知识传递和知识掌握两个方面的权威身份后，师生交往也因之而具备了向平等方向发展的可能。

（五）存在主义的教师观

存在主义高度重视人的存在的意义。前文已对存在主义哲学的基本思想有所介绍，此处不再赘述。存在主义的教师观一方面可以从存在主义哲学的基本命题出发进行推导而得出，另一方面可以根据存在主义者有关教育和教师的讨论总结而得出。

1.作为教师的人和作为人的教师不能分割

教师是一个什么样的人也就意味着他是一个什么样的教师。作为教师的人和

作为人的教师是合而为一的。在存在主义思想体系中，对所有人的要求都是首先成为一个人，对教师也是如此。存在主义最担心的是做教师的人因为从事了教师这一职业而失去了本真的自我。萨特说咖啡馆的侍者因为在潜意识里受到了“侍者”角色的影响而使自己像侍者那样招待客人，与其说他是侍者不如说他像侍者那样招待客人，他在“扮演”侍者，这个时候，真正的他已经被隐藏起来。由此，就存在一种可能，侍者是用侍者这个角色在影响着周围的存在，而不是用本真的自我在影响周围的存在。同样的情况也会发生在教育领域。教师是在用教师这个角色影响学生的发展，而非用教师本人的个性和魅力。学生更多的是受到来自“教师角色”的各种影响和制约。这不利于学生的发展。为了避免这种情况的恶化，存在主义在教师问题上首先强调的就是作为教师的人和作为人的教师要合而为一，提出在教育活动中，教师以真实的个人来影响学生，而不要以“教师角色”来影响学生。

2.选择做教师即选择了一种可能的生活

如存在主义的学生观一样，在存在主义高扬人的主体性和人的自由的同时，存在主义要求人为自己的自由负责，为自己的选择承担责任和义务。存在主义认为人的自由是不受先在的他者所影响的，因为先在的他者的意义是人所赋予的，但是赋予什么样的意义则被要求具有自我的统一性。教师这一角色被选择，被赋予意义，都是个人自由的表现，但是一旦选择了，一旦意义被赋予了，那么作为教师的那个人就应该为这种自由的选择和意义赋予负责任。即一个人在选择教师职业的时候，实际是选择了一种可能的生活。正是因为做一位教师是个人自由选择的结果，因此作为教师的那个人就不能不为自己的选择负起责任。哪怕他认为自己选择当教师是迫不得已，他都不应该逃避自己的这一选择所带来的责任，因为在他选择做教师的同时，也就意味着他选择了作为教师的责任。[1]

3. 存在主义者的教师理想

除了存在主义核心思想推导出的教师观外，存在主义者们也直接关注了教师的问题，提出了他们的教师观，这里仅介绍尼采和雅思贝尔斯两位哲学家的教师观。

尼采认为，作为教师的人，首先应该是人生哲学家，是人生的解放者。他说："真正的教育者和塑造者会指出你本性的本真意义和基本材料，指出那种全然无法教育、无法塑造、但又难以接近的、自成一体的、陷于停顿的东西，你的教育者只能做你的解放者。"作为人生的哲学家和解放者、作为人生哲学家的教师，应该具有诚实的美德、快活的情绪和坚忍的性格。

雅思贝尔斯认为，真正的教师必须要具有对人生的爱心和对教育的虔诚，以自己诚挚的爱心和对教育的虔诚，通过不断地追问与反思，唤醒和引导学生投入敞亮的、真实的人生。他说："真正的教育总是要靠那些不断自我教育以不断超越的教育家才得以实现。他们在与人的交往中不停地付出、倾听，严格遵守理想和唤醒他人的信念，以学习的方法和传授丰富内容的方式找到一条不为别人所钳制的路径。"这也就是说，在雅思贝尔斯看来，教师不仅自己首先要做一个自由的、真诚的、富有责任感的人，而且还担负着唤醒和引导学生过一种自由的、真诚的敞亮生活的责任。[2]

（六）后现代主义的教师观

后现代并不是一个指称时代的名词，它更多的是一种思想方法和价值倾向。

[1] 郭兴举．论存在主义的教师观[J]. 教育学报，2006（06）：77.

[2] 郭兴举．论存在主义的教师观[J]. 教育学报，2006（06）：79.

但是这种思想方法和价值倾向深刻地影响了社会，使我们的时代发生了重要的变革。随着计算机和网络技术的迅猛发展，信息化成为人类生活的最显著时代特征，我们的生产方式、生活方式和财富占有方式都发生了巨大变化。世界的政治、经济和个人生活的多元化已成为历史发展不可逆转的潮流。这种巨变之下，人们的观念也开始了相应的转变，后现代即是在这种背景下产生的一种观念层面的转变。他们否定“中心”、“同一性”及二元对立的“世界模式”，主张“去中心化”、“多元化”和反对单一线性思维。[1]

后现代主义思想家在对教育的“现代性”进行深刻反思的基础上也形成了很多重要的后现代教育观念。其中不乏教育目的问题、知识问题、教育学方法问题、课程问题等，而教师问题更是获得了广泛的关注。后现代主义教育理论的代表人物多尔、利奥塔、罗蒂等人对教师的内涵、地位、作用、任务等一系列问题都表达了自己的观点，作为初步学习，我们尝试做出一种简单的归纳。其实严格来讲，这种归纳是不符合后现代精神的，因为他们的思想方法不允许我们进行这样的归纳，不过出于学习了解的目的，我们还是要做些努力与尝试。

1.消解教师的绝对主体，提倡师生交互主体

后现代教育思想家提倡尊重人的主体性，要求尊重多元主体的不同追求，反对由身份关系导致的主体性的不平衡。在后现代主义看来，传统的教师主体主导观念会导致人与人之间占有与被占有、利用与被利用、控制与被控制的关系。后现代主义则认为人与人之间是非对立、非强制关系，而应该是一种平等对话关系和交互共生关系。在教育过程中，师生关系就是一种交互作用的共生关系。教育

[1] 白冰．后现代教师观的现实追问与理论反思［J］．东北师范大学学报（哲学社会科学版），2008（04）：149.

过程中，教师有主体性，学生也有主体性，他们之间的交往和碰撞是两个有主体性的群体之间的交往和碰撞，不能用那种主客二元对立的模式来予以解释和指导师生之间的交流。教育活动从本质上来说就是人与人之间的交往活动。交往不同于支配，它体现了教师和学生处于平等共处的位置。教师和学生都不是把对方作为客体去改变，而是共塑他们之间的“共同话语情境”。教师也不是把自己的观点强加于学生，学生也不是要把教师作为受自己需求支配的客体，他们是通过交换看法，寻求共识的一种组合体。

2.消解教师的外在权威，提倡师生共同探究

后现代主义广泛地批评传统的教师观，消解了教师的外在权威，提倡一种师生的共同探究。传统教育中强调教师具有权威地位的认识，例如认为教师是社会的代言人，他们代表社会改造受教育者，认为教师还是真理的持有者和标准的诠释者，教师的话语拥有不可动摇的权威性。后现代主义则对此进行了广泛批评。他们否认知识的客观性和永恒性，否认教师对知识的占有和支配，强调学生发展的实现是在师生的共同探究中完成的，而不是由教师主导操作，学生被动地改造完成的。教师的权威不再建立于学生的被动与无知的基础上，而是建立在教师借助学生的积极参与以促进其充分发展的能力之上。

3.消解对人性的预设，提倡生命价值的自由创生

后现代主义反对传统教育在教育开始之前就对教育结果有强烈的预设，把学生发展的过程和结果牢牢地控制在教育者手中，让所有的人都向着一个预设的方向前进。后现代主义强调要尊重生命价值的自由创生，生命发展的过程和结果不能被预设，也不应被压制和牵引，生命发展进程是一个自由的进程，是逐步生成的。

秉持传统理念的学校教育被予以技术化和工程化的处理和改造，在最短的时间把最广泛的知识以最便捷的方式传授给学生。于是，精确化、实用化、标准化、高效化成为现代教育的标准和指导思想。学校考试的设计也仅仅旨在验证学生学了什么和学得怎样。教育在一切按部就班的过程中失去了生命的灵动和创造。这种教师的强烈塑造思想体现了现代性思想对人性的理性设计，其实质是将人客体化，以强制的方式“修剪”人性。在后现代主义思想家看来，教育的过程不只是传递已知的过程，更是探索未知的过程。教师的职责就是激发蕴藏在学生身上的创造性潜能。教师帮助学生发现生命的意义和价值，激发学生的生命意识，让学生形成一个持续发展和不断完善的“自我”。[1]

三、新课程改革背景下教师应有的教师观

新课程改革虽然是在课程与教学领域进行，但是对于课程改革的直接实施者——教师也提出了诸多的挑战。这些挑战中，一个比较难于克服的挑战就是教师观的转变，即教师在新课程实施后，需要对自身有一个与之前不一样的新认识。很多教师在新课程实施后，由于自我定位不准确而遭遇了各种工作困难，有的老师甚至不能适应而离开了工作岗位。因此，我们有必要详细地了解新课程改革背景下教师应有的教师观。

本章第二部分介绍了几位重要的思想家和不同的教育思想流派的教师观，从介绍中我们可以发现，这些教育思想体系中对教师的认识不尽相同，这说明一个重要的问题，即对于教师的认识并非一个已经取得了广泛共识的认识，甚至可以说，这是一个存有较多争议的问题。本书尝试在众多观点当中，结合新课程改革的理念来进行一些初步的总结。结合本章开头对教师观内容层次的划分，我们将

[1]　何齐宗、曾水兵．论现代教师观及其现实意义[J]. 中国高教研究，2006（08）：49.

从教师观中对教师职业、对教师工作以及对教师个人这三个层次简要介绍教师应有的教师观。

（一）对教师职业的认识

1. 教师是专业工作人员

教师职业是社会中的一种重要的专业技术职业，教师是专业工作人员。1966年联合国教科文组织和国际劳工组织提出《关于教师地位的建议》，首次以官方文件形式对教师专业化作出了明确说明，提出“应把教育工作视为专门的职业，这种职业要求教师经过严格的、持续的学习，获得并保持专门的知识和特别的技术”。我国历次的教育改革也多次提及教师是专业工作人员的说法，但是，在长达两千多年的文化传统观念中，我们对教师的认识仍然不够专业化。那种认为掌握较多知识的人就是老师的认识在社会中还占有很大分量。一些德高望重的人经常被称为老师就是这一观念的现实反映。

新课程改革实施后，一定要树立教师职业是一门专业技术职业的观念，不是掌握知识较多的人就是能做教师的。教师除了掌握专业技术知识之外，还要掌握教育知识，即教师要有将自己的专业知识进行展示和传播的专业技能。这种既是一种有科学规律可循的专业技术工作，又是一种充满情感和智慧的艺术工作。因此，在新课程改革中，那种随便掌握一些知识技术的人就可以从事教师职业的观念是行不通的。

2. 教师职业是社会中的高尚职业

教师职业是社会中的高尚职业。这一职业承载着国家发展和民族兴旺的巨大的历史责任，这一职业同样也承载着亿万家庭和父母的殷切希望和信任。孩子是父母最珍视的对象，孩子的发展是父母最关心的问题，尤其在中国，望子成龙、

望女成凤的传统贯通大江南北。但是我们的父母们却可以把孩子放心地送到学校中，放心地交给老师来管教。教师就是这样一种职业，它能让一个人把自己最关心的子女托付于从事这个职业的人，就冲这样一种信任，这个职业也应该是充满责任和爱的一种高尚职业。

从事教师职业的人应坚定维护教师职业的高尚性，杜绝那种依靠教师身份为自己牟取私利的行为。近几年教师利用教师身份收取家长的礼金，甚至变相地向家长索取礼金的行为逐渐增多，部分教师动用手中的专业权力来向学生收取金钱，利用课后辅导班等各种形式来为自己牟取私利，更有教师将自己在课堂上对学生的关注频率与家长对自己送的东西的多少相联系。这些都是侵蚀教师职业高尚性的行为。

3.法律规定的教师的权利与义务

从事教师职业的人还应该树立教师的权利观和义务观，即要了解教师的权利和义务。在新课程改革过程中出现了各种教师维权事件，很多教师自己的权利受损而不知道怎么维护，还有一些教师未尽自己的义务而不能自知。因此，我们提倡教师应该了解教师职业的权利和义务。1993年颁布的《中华人民共和国教师法》明确规定了教师的权利和义务。这里转述给大家供参考。

《中华人民共和国教师法》第七条规定教师享有以下六条权利：（1）进行教育教学活动，开展教育教学改革和实验；（2）从事科学研究、学术交流，参加专业的学术团体，在学术活动中充分发表意见；（3）指导学生的学习和发展，评定学生的品行和学业成绩；（4）按时获取工资报酬，享受国家规定的福利待遇以及寒暑假期的带薪休假；（5）对学校教育教学、管理工作和教育行政部门的工作提出意见和建议，通过教职工代表大会或者其他形式，参与学校的民主管理；（6）参加进修或者其他方式的培训。

《中华人民共和国教师法》第八条规定教师应履行以下六条义务：（1）遵守宪法、法律和职业道德，为人师表；（2）贯彻国家的教育方针，遵守规章制度，执行学校的教学计划，履行教师聘约，完成教育教学工作任务；（3）对学生进行宪法所确定的基本原则的教育和爱国主义、民族团结的教育、法制教育以及思想品德、文化、科学技术教育，组织、带领学生开展有益的社会活动；（4）关心、爱护全体学生，尊重学生人格，促进学生在品德、智力、体质等方面全面发展；（5）制止有害于学生的行为或者其他侵犯学生合法权益的行为，批评和抵制有害于学生健康成长的现象；（6）不断提高思想政治觉悟和教育教学业务水平。

（二）对教师工作的认识

1.教师工作要落实党和国家的教育方针

教师在工作中要坚定地贯彻党和国家的教育方针。这是一个国家将国家发展和民族兴旺的重大历史责任托付于教师这一职业的基本前提。因此，作为教师，要明确我们国家最基本的教育方针。这里转述1995年《中华人民共和国教育法》中对我国教育方针的概括和总结。《中华人民共和国教育法》规定："教育必须为社会主义现代化建设服务，必须与生产劳动相结合，培养德、智、体等方面全面发展的社会主义事业的建设者和接班人。"2012年11月发布的中共十八大报告中再次指出教育的最高指导方针："努力办好人民满意的教育。教育是中华民族振兴和社会进步的基石。要坚持教育优先发展，全面贯彻党的教育方针，坚持教育为社会主义现代化服务的根本任务，培养德智体美全面发展的社会主义建设者和接班人。"

2.教师工作要尊重学生的需要

新课程实施后，教师工作出现了一些新的要求，这些要求有的涉及对学生的

认识，有的涉及对教育内容的认识，有的涉及对师生关系的认识，笔者认为这些要求中最核心的其实是一条，就是要求教师尊重学生的真实需要。以往的教师工作存在两种不能真正尊重学生真实需要的情况：一是忽视学生需要的情况，按照教师自己的需求去安排设计教育工作；二是尊重假定出来的学生的需要的情况，教师尊重的学生的需要是由教师和家长们设计出的一种需要，这种需要可能并不是学生的真正需要。新课程下教师工作要切实地尊重学生的需要，给学生留下更多的空间，让学生自由地发出声音，根据学生的真实声音去设计教育工作的具体过程。

3.教师工作要遵循教育规律

教师要认识到教育活动是有规律的，教师的工作如果要取得预期效果，离不开规律的指导。这要求教师首先树立相信教育规律的工作观，不要轻视教育规律和教育理论，不能因为教育规律和教育理论的抽象难懂而否定它们在教育工作中的价值。其次是教师要花时间和精力去研究教育规律，发现教育规律。目前之所以有诸多对教育理论的批评，原因之一就是教育规律和教育理论的揭示不够充分，还不能够精确地解释和指导教育实践。教育理论和教育规律揭示不充分并不能成为轻视教育研究的理由，教育实践工作者反而更应该加强教育研究工作，努力揭示出更为准确的教育规律和教育理论。

4.对知识进行加工和创造也是教师工作的一部分

很多教师认为自己的工作就是教学，将已经有的知识传递给学生就算是完成任务了。其实这种认识忽略了教师工作的一个重要方面，即对知识进行加工和创造。在教学过程中，教师就承担着对教育内容进行再加工和再创造的任务。而且这种加工和创造是教育事业得以发展的重要动力。下面仅以教育内容的变化为例略做说明。

人类社会不断进步，各种积累不断丰富，现在的知识总量将数千万倍于1000年前，而新出生的人类个体在遗传素质上几乎没有任何变化。人类知识总量还会不断增加，个体通过遗传所获得的东西却不会变化。“无论是人类部落的社会、语言，还是地方宗教，都不会遗传在生殖细胞中。”历史上任何一个时代的新生个体都要从同样的起点开始发展，但却要达到不同的高度，今天的儿童在基本发育成熟时所要学习和掌握的东西要远多于1000年前。20年前的高中生不用学习电脑，50年前的高中生不用一定要学英语，但今天很难想象还有不懂电脑的高中生，还有不用学一门外语的高中生。

因此对于不同历史时期的新生个体来说，发展的起点没有大的变化，发展可用的时间也没有大的变化，但发展所要达到的高度和广度却急剧地增加了，而且不断地增加着。在教育内容的问题上人们不可避免地遭遇了发展时间的有限性和发展任务的无限膨胀之间的矛盾。个体的发展如何实现在同样的起点和时间内达到更高的程度和更宽的广度呢？目前我们对这个矛盾的解决主要通过两个途径来进行，一个是精简教育内容，一个是提高教育效率。例如由个别施教改为集体个别施教和班级授课制就是提高教育效率的途径。而对教育内容本身进行加工创造的精简则是另一个活动，例如对教育内容进行的删减、系统化和分科教学等，这些活动主要由教师来完成。因此，对知识进行加工和创造也是教师工作的一个重要部分。

（三）对教师个人的认识

1.做好教师需要投入丰富的情感

教师职业是一个需要投入丰富情感的职业，对教育事业的忠诚、对学生的爱、对专业知识的痴迷，这些都蕴含在教师工作之中。这种情感是否可以自如地产生并投入到教育工作中呢？我们认为不是的，如果一个人不喜欢教师这项职业，那么后续的相关情感就很难产生，教师职业对他来说更多的是一种谋生的手段，而不是一种工作的享受，一种价值追求的自我实现。有研究称，教师专业发展一般要经历三个阶段：第一阶段是关注生存的阶段，将教师职业作为获得一些收入、解决生存问题的手段；第二阶段是关注业务的阶段，逐步将精力用于研究教学任务的完成，在教学业务方面找寻工作的成就感；第三阶段是关注学生发展的阶段，将自己的精力真正放在了学生的发展方面，围绕学生发展组织自己的教育工作。我们认为，如果没有对教师工作的热爱，可能永远只能停留在第一阶段，即使是能力才华特别出色的人，如果没有对教师工作投入丰富的情感，那也只能是停留在第二阶段，无法达到为人师的最高境界。

案例4-1　陶行知的四块糖果

陶行知在育才小学当校长时，一天发现一个学生用泥块砸同学。他当即予以制止，并令这个学生放学后到校长办公室来。刚一放学，这位同学就等在办公室门口，陶行知立即掏出一块糖果奖励他按时来到这里；接着又掏出一块糖奖励他在不让他打人时能立即住手。第三块糖则奖励他正直，不让同学欺负女学生，有跟坏人作斗争的勇气。这时，这位同学哭了，说："我错了，我砸的不是坏人，是我的同学……"陶先生满意地笑了，随即又掏出一块糖递过去，奖励他能正确认识错误。那个学生本来做错了事，心想可能要挨训，但陶先生却找出那么多优点，还立即给予奖励，让那位学生一番感动之后承认了自己的错误。

2.做教师要耐得住清贫

从教师的收入水平来看，我们国家教师的收入水平并不高，做教师挣不了大钱，小钱虽然还算稳定，但是并不多，因此在中国做教师要耐得住清贫。尤其学前教育阶段的老师，工资收入更低，几乎只是微微超出当代最低工资水平。虽然我们多次提出要求教师的平均工资不低于公务员的平均工资，但是就实际收入而言，教师的收入仍然无法与公务员相比。就公务员和教师的入职门槛而言，公务员的门槛要高得多，因此公务员收入高，吸引更多优秀的人才这也本无可厚非，但是国家应该充分认识到教师人群对社会发展的重要意义，应该提高教师待遇，并提高教师入职门槛，以吸进更为优秀的人来从事教师工作。在国家尚未大规模地调整教师工作安排之前，在中国做教师，仍然需要耐得住清贫。

案例4–2　教师的存折上只有183元

张辉兵，男，什邡市红白镇中心学校物理老师，2008年5月12日去世，终年29岁。他拉开半掩着的门，用身体靠住门框高喊："都别慌，所有人快往外面跑！"他是一个幽默风趣、热爱运动、关心学生的老师。在汶川大地震发生的生死关头，他指挥班上的学生逃生，自己却永远离开了。

作为家中的独生子，张辉兵一毕业就心甘情愿做了清贫的基层教师，他的妻子宣丽也在红白镇中心学校，因为夫妻俩都是老师，日子过得很不宽裕。去世前，张辉兵每月的工资只有1043元，而作为一名丈夫，他的家庭存折上更是只有区区183元人民币。虽然经济上并不富裕，但是，张辉兵还是一直安心初中教师的岗位，并对生活、对工作充满了热情。平时的休息时间，他是学校教职员工里的业余篮球运动员，球场上总可以看见他那矫健的身影。而每天中午，他会准时出现在教室里，耐心地给学生们加班辅导功课。

一切是来得那么突然，5月12日中午，张辉兵像往常一样来到初三（1）班给学生们辅导，当时一些学生还没从午睡的睡意里完全醒过来，教室突然开始不停地晃动。在这紧要关头，张辉兵快步走到教室前门，拉开半掩着的门，用身体靠住门框高喊："都别慌，所有人快往外面跑！"在老师的提醒下，一些反应机敏的学生成功逃生了，但张辉兵和另外一些学生却消失在了垮塌的废墟里。

3.做教师要严格要求自己

《论语》言"其身正，不令而行，其身不正，虽令不从"。教师个人要充分认识到这一点，作为教师，我们的一言一行都被学生看在眼里，都会成为他们模仿的对象。因此，做教师要严格要求自己，时刻想着自己的一切行动都要符合整个社会所提出的要求，成为学生模仿的典范。实际上，一旦做了教师，即使在教育领域之外，教师的言行举止仍然是影响学生身心发展的重要因素。这就要求教师要时刻严格要求自己。可以说，选择了做教师，就相当于是选择了过一种示范性的人生。

第五章　新课程改革背景下教师的知识观

新课改以来，对知识的认识发生了很大的变化。新课标知识能力、过程方法、情感价值观的并重，素质教育对创新精神、实践能力、全面发展和主体性的强调，使传统的知识界定、知识型和传递方式变得不再适合。在理论界，对于中国的教育和中国的学生到底需要什么样的知识，产生过很多的争论，影响最大的是2004–2005年的“钟王论争”。在实践领域中，从课程编订到课程实施，知识的呈现形态发生了很大的变化，一线的教师亦出现了很多的不适应。之后，新课改在知识上的激进态度随后得以矫正，《中长期发展规划纲要》的颁布标志着后课改时代的来临。对于什么是知识、教育应该传授什么样的知识、学生如何获取知识等若干问题，我们获得了相对理性的认识。在本章主要是就一些共性认识做出总结，部分尚无共识的问题暂且搁置，或对影响较大的认识做交代。

一、何谓教师的知识观

（一）什么是知识

传统认识论中，所谓的知识应满足如下的三个条件，即信念的条件、真的条件和证实的条件。即经过充分证实了的真的信念才是知识[1]。知识首先是一种信念，个体信以为真的东西才能成为他的知识。但是信以为真的东西不意味着“符

[1]　胡军．知识论引论[M]．哈尔滨：黑龙江教育出版社，1997：27.

合为真”，要亲眼所见，不能道听途说。而即使亲眼所见，也未必可靠，因为人的感官认识是有限的，很容易被事物的表象所蒙蔽。“符合为真”的东西亦需要经过理性的拷问，透过现象看到的那个本质，我们才能就称之为知识。

其他一些对知识的经典界定参考如下。《辞海》定义知识为：“人类认识的成果或结晶……可分为经验知识和理论知识。经验知识是知识的初级形态，系统的科学理论知识是知识的高级形态……总体上来说，人的一切知识（才能也属于知识范畴）都是后天在社会实践中形成的，是对现实的能动反映，社会实践是一切知识的基础和检验知识的标准。”[1]从这一定义看出，知识属于人类认识的经验，但又高于人类认识的经验，因为它是以成果或者结晶的形式出现的认识经验，是那些已经得到证明或者证实的、有价值的经验。即尽管人类的认识经验无比多样，但并不是任何一种经验都有资格成为“知识”。

韦伯斯特(Webster)词典1997年的定义，知识是通过实践、研究、联系或调查获得的关于事物的事实和状态的认识，是对科学、艺术或技术的理解，是人类获得的关于真理和原理的认识的总和[2]。知识即人类积累的关于自然和社会的认识和经验的总和，这是一种广义的知识概念。

经济合作与发展组织(OECD)将广义的知识按内容分为如下四种：关于“知道是什么”的知识，记载事实的数据；关于“知道为什么”的知识，记载自然和社会的原理与规律方面的理论；关于“知道怎样做”的知识，指某类工作的实际技巧和经验；关于“知道是谁”的知识，指谁知道是什么、谁知道为什么和谁知道怎么做的信息[3]。其中关于“是什么”和“为什么”的知识，即关于自然和社会的

[1] 夏征农、陈至立等主编．辞海（第六版）[M]. 上海：上海辞书出版社，2009：2934.

[2] 胡铁成．知识经济全书（上卷）[M]. 北京：中国物资出版社，1998：626.

[3] 胡铁成．知识经济全书（上卷）[M]. 北京：中国物资出版社，1998：626.

运动规律、原理方面的理论体系，可称之为狭义的知识概念。

以上是关于知识的不同解释，概括它们的共同点如下：（1）知识是一套系统的经验。从这个意义上讲，知识是不等于一般性经验的。（2）知识是一种被社会选择或者组织化了的经验，而不是纯粹个体的精神产品。也就是说，知识不等于原初状态的个体经验和个体思想，而是已经得到某种知识制度认可并且整合到整个社会知识传统中去的个体经验和个体思想。（3）知识是一种可以在个体间进行传播的经验，任何知识都可以通过学习的手段来获得。（4）知识是一种可以帮助人们提高行动效率、更好达成行动目标的经验。

依据科学和理性，或者基于现代的哲学认识论，知识具有如下特征[1]。特征之一是客观性，知识或真正的知识应该是正确地反映了事物的本质属性或事物与事物之间的本质联系。知识的客观性的内涵一是可检验性，指自然条件下或实验条件下所获得的经验证据的检验；二是客观知识陈述彼此之间的一致性。因为事物的本质是唯一的，因此在一定条件下对事物的正确认识也只能有一种正确的陈述。知识的客观性用一句话来概括就是说，知识是不因时间、地点和人物的变换而变化的。

特征之二是普遍性。也有两个含义，即普遍的可证实性和普遍的可接纳性。此外知识的普遍性还指生产和辩护知识的标准是能够得到普遍认同和尊重的。知识的普遍性为不同文化背景中的人提供了解决不同文化传统中知识冲突的方法，因而有利于形成一个巨大的知识共同体，促进不同主体之间的交流、研讨和合作，对减少知识冲突、推动知识进步、培养人才起到了巨大的作用。

特征之三是中立性。知识的中立性也称价值中立或文化无涉。即知识是纯粹

[1] 石中英．知识性质的转变与教育改革[J]．清华大学教育研究，2001(02)：29–36.

经验的和理智的产物，只与认识对象的客观属性和认识者的理性能力有关，而不与认识者的性别、种族以及持有的意识形态有关。知识应当是人类的共同认识，不因具体的文化而产生差异。

教育中的知识符合一般意义的知识的种种特征，它是按照一个国家或地区的教育目标有意筛选的知识，按照学生的发展阶段和具体状况加以组织和传递。学校的本体职能就是通过知识学习加速未成年人的社会化进程，促进其身心发展。学校也肩负着人类文明遗产传承的社会职能。然而新课程改革以来，受建构主义、后现代思潮的种种影响，上述知识的界定受到了前所未有的冲击，教育学学科对于学生学习之知识的研究空前繁荣。学校应该学习什么样的知识，以什么样的方式学习知识，这些原本似乎不成问题的问题，开始被重新反思。对知识性质、范围等问题的认识开始变得必要起来，这就是知识观的问题。

（二）什么是知识观

知识观是人们对有关知识的根本看法与态度。所涉及的问题包括什么是知识或什么不是知识、什么样的知识是最有价值的、如何获得知识等。知识观和认识论有关，认识论又称为知识论[1]，在哲学学科中是一个重要的分支。哲学家的知识论对人们的知识观进行了凝练总结。从古希腊的智者开始，经由中世纪，到文艺复兴时期，哲学发生了从本体论（包括宇宙和人本身）到认识论的转向，在20世纪初，又发生了语言转向。从广义上讲，本体论和语言哲学也是认识论问题：本体论哲学是对作为认识对象的世界和作为认识主体的人本身的认识；语言哲学是对认识工具的认识。所以认识论可以作为哲学的核心，代表其实质和精神。

相对于前面“什么是知识”部分对知识的界定，人们（普通人，也包括哲学

[1]　在西方，知识论和认识论是一个词，英文即“epistemology”。

家）对什么是知识的认识其实是千差万别的。我们从对知识的分类上可以窥豹一斑，不同的知识分类，以不同的方式对知识进行了划界，也内含着什么知识是有价值的主观判定。下面是当代学人与组织对知识所进行的几种分类。

1966年，美国俄亥俄州立大学的几位教授受系统化知识思辨理论的影响，将人类知识分类成描述性的知识、规范性的知识、实践性的知识与形式性的知识四大领域。描述性的知识是描述现象或事件的知识，此种知识用以追求及建立现象或事件的事实，如物理、化学、生物、社会等科学知识；规范性的知识是判断现象或事件适切性、好坏、美丑的知识，此种知识用以追求现象或事件的的价值与信念，如哲学、文学、艺术方面的知识；实践性的知识是对现象或事件采取合宜行动、实践的知识，此种知识用以追求有效的应用行动，如医疗、新闻、工程、设计和教育等知识；形式性的知识是统整所有知识的知识，如数学、语言及逻辑等知识。

如果这一分类还只限描述学校中传授的那种知识的话，波普的分类就将知识泛化为生活中应用的所有知识，共有七类：首先是常识，即日常生活中形成的知识，人人都具有的最具有真理性、实用性的知识；其次是经验性知识，是指那些带有专业性的，在专门性活动中积累起来的知识，大部分知识是这类知识，是可对可错的拟规律性知识；第三类是神话故事、传说，这类知识具有特殊的价值，往往能产生实证理论所不可能产生的思想，这一点在建筑领域体现得较为明显；第四类是科学知识，形成于以上几种知识基础之上，是反映事物的本质、规律的知识，这里，波普认为科学与非科学之间没有界限，后三类知识分别为哲学知识、艺术知识和宗教知识。

世界经合组织(OECD)在1996年年度报告《以知识为基础的经济》中对知识做

出了一种目前最具权威性和流行性的分类：事实知识（Know-what），即知道是什么的知识，主要是叙述事实方面的知识；原理知识（Know-why），即知道为什么的知识，主要是自然原理和规律；技能知识（Know-how），即知道怎么做的知识，主要是指对某些事物的技能和能力；人力知识（Know-who），即知道是谁的知识，涉及谁知道和谁知道如何做某些事的知识。

2001年，布卢姆等人的《教育目标分类学 · 认知领域》（1956）有了最新的修订[1]，将知识分为四类。第一类是事实性知识，是学习者在掌握某一学科或解决问题时必须知道的基本要素，包括术语知识和具体细节、要素的知识。前者指具体的言语和非言语知识与符号，方便人们沟通；后者指事件、地点、人物、日期、信息源等知识，为人们再现情境。

第二类是概念性知识，指一个整体结构或一个学科中基本要素之间的关系，包括类别与分类的知识，比事实性知识更加概括，是后两类知识的基础；原理与概括的知识，对类别和分类的内在过程与关系作出说明，对各种所观察的现象作出抽象和总结，有助于描述、预测、说明或确定最适宜的最相关的行动及其方向；理论、模式与结构的知识，将原理与概括的知识用有意义的方式加以整合，是最抽象的知识。

第三类是程序性知识，即如何做事的知识，是一种看重过程的知识，又由于反映具体学科的思维方式，而不同于后一类元认知知识。这一类知识包括具体学科技能和算法的知识，一般是指步骤规定或者灵活但结构基本规定(答案唯一)的知识，运用程序性知识的结果常常是事实性知识和概念性知识，然后是具体学科

---

[1] 书名为《面向学习、教学和评价的分类学——布鲁姆教育目标分类学的修订》，由当代著名的课程理论与教育研究专家安德森等人完成。

技巧和方法的知识，其结果是开放的，主要反映了这一领域的专家是如何思考及解决问题的；最后是确定何时运用适当程序的知识，专家每每在解决问题时知道在什么时候什么地方运用程序，他们依据准则来帮助自己合理决策，即他们的知识是“条件化”的，这类知识同以往的经验以及自己同他人的比较之期望有关。

第四类是元认知知识，即关于一般的认知知识和自我认知的知识，也称为元认知意识、自我意识或自我反思、自我调节的知识。元认知知识具体包括：策略知识，是有关一般学习、思考和问题解决策略的知识，涉及不同的学科；关于认知任务的知识，包括适当的情境性和条件性知识，知道何时以及为什么运用这些策略的知识；自我知识，包括了解自己认知活动中的优势与不足，也包括了解自己什么时候不知道什么以及采用什么样的一般策略去发现必要的信息，最后还包括动机与情感的自知。

同样，如何获得知识，即对知识的来源的认识也是千差万别的。有人认为知识来源于推导，即从不证自明的知识推导出其他的知识；有人认为知识来源于经验，人们从观察和自己经历的事情乃至自己的行动操作获得知识；有人认为知识来源于顿悟，来源于人脑的人的心智的创造；有人认为知识来自于生产和社会实践，来源于科学实验。这些对知识来源的认识上的差别，是由于人们有着不同哲学观与认识论。在后面我们会做更为具体详尽的呈现和分析，这里不做赘述。

最后，知识观具有潜隐性、反思性、时代性、联动性等特征[1]。知识观并不能显见于认识主体的认识行动中，而是潜在于这些行动中。我们并不能通过对一个人的直观感觉来判断他的知识观是主知主义的还是经验主义的，或者是实用主义和结构建构主义的。知识观的反思性体现在对什么是知识、是否是真知识和有

[1] 潘洪建．知识观的概念、特征及教育学意义[J]．江苏大学学报（高教研究版），2005(10)：1–5.

价值的知识的反思上，知识和怀疑总是相伴而生的。知识观的时代性取决于知识本身及其载体的时代发展，知识的载体会对人的认知方式有形塑的作用。比如电视等影像媒体就使人的认知方式发生了改变，知识来源的途径也就不同于以往，以至于知识的属性也发生了相应变化，人们可能更认同那些能引发我们想象和共鸣的知识是知识。最后，知识观具有联动性，指知识的本质观、知识的价值观、知识的获得观是密切相关、互相决定的。

（三）教师的知识观

教师的知识观就是教师对于知识的基本看法、见解与信念。从知识观内部来讲，同一般意义的知识观一样，教师的知识观可以由知识的本质观、知识的价值观、知识的获得观等构成，各部分之间是联动的。从知识观外部讲，教师的知识观与其课程观、教学观、学习观乃至教师观、学生观有着不可分割的联系，也同样处在一定的结构中，具有相当的联动性。正由于后一结构，教师的知识观和常人以及科学家、哲学家、社会活动家等群体的知识观存在显著差别，具有其特殊性。

我们这里陈述后者对前者的影响，即不同的课程观、教学观、学习观、教师观和学生观如何影响知识观。在本章后面部分直接或间接地呈现教师的知识观的有力影响。正如上文所说，课程、教学、学生、学习这些要素决定了教师的知识观的特殊性。知识观的确对课程观起决定作用，尽管会照顾到教师的知识观，但是课程中体现的并不只是教师的知识观。课程目标和课程设计不完全是由教师来完成的，总的来说，教师更有决定权的只是课程实施和课程评价的环节。所以教师的知识观受制于先在的“课程”。教师的课程观是被课程塑造的，受制于国家的课程标准。当然，教师个人对课程的理解也在一定程度上发挥作用。其次，教师的知识观也受制于对学生及其学习的理解。对于不同年龄段的学生，知识的形式是不同的，教师不能强迫学龄前的儿童接受抽象的数理知识，那么抽象的数理知识对于学龄前儿童暂时来说就不是知识。教师如果执有不恰当的学生观，认为学龄前儿童也可以任意被塑造，他们的使命就是在高度竞争化的社会中超前发展，那么抽象的数理知识也就是知识。但是由于抽象数理知识学习的关键期尚未到来，这种学习不仅是事倍功半的，而且是以牺牲其他处在关键期的能力的发展为代价的。同样，将学习理解为被动识记和理解为主动经验，其背后的知识观不同，反过来说，先有了这种学习观，也能导致对知识及其获得的不同理解。建构主义和结构主义的学习观，带来的是自上而下的教学[1]和自下而上的教学，同时也带来对知识的理性主义的和实用主义的迥然不同的理解。

对于知识观对课程观、教学观、学习观、教师观和学生观的影响，我们暂举一例，即仅仅看重书本事实性知识的知识观对后者的影响。对于教师的教学活动而言，知识观具有先导、定向、选择、激励、评价功能[2]，教师的知识观决定着其教学内容观、教学方法观和教学评价观。若在结构性知识和非结构性知识之间，教师认为教学就是给予学生一些标准答案，那他就会强调灌输与识记，在课堂中不重视表现性评价。课程对于他们来说就是计划好的内容和安排，课程实施就是不具有生成性的按部就班的活动。同样，对学习的认识就是，学习即背诵和再现各种书本知识。教师就是讲授有结构、有条理、有次序的书本知识并检查学生识记程度的人。但是现在来看，在信息化社会，教师显然不能把识记放在第一位

[1] 有了一定基础之后，即从完整的、真实的、富有挑战的任务开始，而非由被分解的技能训练开始，最后形成一种综合技能。自上而下的教学能极大地调动学生的积极性，使他们在自我表现中不断发展。

[2] 潘洪建 . 知识观的概念 . 特征及教育学意义[J]. 江苏大学学 .（高教研究版），2005（10）：1–5.

了，更多的是教给学生搜集、处理信息的能力，这种知识相对于尽管重要未必致用的“死知识”显然重要得多。由于学生的学习是开放的，教师的教学以及课程的设计就不能是封闭的。学习就成了双向互动的，学生就是在教师辅助引导下主动成长的人。下面我们将更详细地介绍各种不同的知识观及其影响。

二、主要知识观介绍

（一）理性主义的知识观

理性主义的知识观起源于西方，是西方知识观的主流之一。这种知识观在上世纪初期进入我国，对我国的文化思维影响甚大。中国古代的思维是一种经验思辨式的思维，理性主义的思维是注重演绎的，这种思维方式在今天的科学与学术领域中的盛行，带来了很多的不良影响。很难想象知识生产完全依赖于推演，而不借助于归纳能继续产生新知识。我们国家倡导创新人才培养，要求我们必须对理性主义的知识观加以清算，发掘其优势，避免其劣势。

理性主义的知识观向前追溯可以追溯到古希腊哲学家柏拉图，他是西方哲学史上的第一个理性主义者。柏拉图区分了感官知觉与理性认识的差别。感官所能捕捉到的只是现象界的事物，而现象界的事物依柏拉图的看法，不但瞬息多变，而且根本是虚幻的，是观念界之理性的摹本，所以感官的知觉是不可靠、不真实的，顶多只是我们对个别事物的一种“信念”而已，真正的知识必须超越个别的现象，而提升至普遍的“理性”。

理性主义知识观在跨越了中世纪后获得了它的伟大继承人。17世纪法国哲学家笛卡儿是理性主义哲学大师。笛卡儿认为人的知识，一靠直观，一靠演绎。所谓直观，不是摇摆不定的感官的见证，也不是臆想的判断，而是专注的、未受蒙蔽的心灵，而直观只能由理性来产生。笛卡儿“我思故我在”明确了知识是如何产生的、知识与主体的关系，即只有通过理性思考的思想才是可靠的知识。笛卡儿解决了一个知识的前提需要证实、前提的前提需要证实的无穷回溯的问题，认为知识的始基是无需证实的“自明真理”。笛卡儿为我们找到了两个自明真理，那就是欧几里德几何和牛顿力学体系[1]。笛卡儿之后斯宾诺莎、莱布尼茨、康德的知识观都是在笛卡儿“理性主义”的旗帜下强调逻辑在知识中的重要性。

在理性主义知识观的观照下，人们总是认为科学知识最有价值（真正的科学无法离开数理逻辑），仅凭科学知识就可以完全解决人类生活和生命存在的全部问题，人自身的欲望、需求、意志遭到了无情的忽视。这种理性主义崇拜不仅反映在自然科学中，也反映在人文社会学科中，实证主义社会科学尚有其经验主义、唯物主义的层面，那种缺乏历史感现实感的、生硬推演的形而上之书斋理论是最有危害的，尤其是在它们自以为是地指导思想和实践的时候。理性主义的知识观将生活化约为符号推演，在经验科学盛行和后现代等反理性思潮泛滥的时代它陷入了重重困境，理性主义知识观作为知识观的一种，它的合理性被重新估量，它的“位置”被重新分配。

（二）经验主义的知识观

经验主义知识观是现代科学的主要知识论基础。经验主义知识观认为，人们的知识来自感觉经验，都是从对个别现象的感知经由归纳的途径获得一般原理的认识。体现在教育中，就是教育应关心以大自然、大社会为活教材，让儿童从观察和实践中归纳知识。经验主义知识论也有自己的局限性，那就是相对于理性主义的知识论，经验主义显得肤浅和琐碎。经验主义的认识论缺乏深刻的想象力和洞察力，在这一点上它需要借助理性主义的力量。

[1] 20世纪初相对论和非欧几何的产生，对理性主义是颠覆性的，原因正在于此。

经验主义知识观以经验论为哲学基础，其代表人物是培根和洛克。与其说在培根心目中“知识就是力量”，不如说在他看来“经验就是力量”，因为在培根看来，“一切自然的知识都应求之于感官”。而洛克则认为心灵比如说是白纸，没有一切文字，不带任何观念，那么何以装上这些东西呢？对此，洛克说，用一词回答——从经验，我们的一切知识都在经验里扎着根基，知识归根结底由经验而来。从感官获得的个别经验经过归纳，即经过从个别现象到一般原理的提升，才可形成可靠的知识。

经验主义知识观与理性主义知识观尽管在获得知识的途径和方法上存在很大差异，但是在教育教学中，如果将前者仅仅理解为把事实和现象告诉儿童，那就重新滑入了理性主义知识观的窠臼（后者仅仅注重把书本中理论知识告诉儿童）。也就是说，教师做不到将现实世界与儿童世界的相互交融、相互作用，而抱住概念知识的绝对性、可靠性和确定性不放，经验主义的知识观也就失去了其真谛。

（三）实用主义的知识观

理性主义和经验主义知识观的共同缺点，便是使理性与经验两相对立，只能解释知识的一部分而不能解释其全部。康德虽曾认识了理性与经验的交互关系，想在两者之间求其联络，但因其对理性与经验的概念是完全静止的，故终于无法使两者相连续。实用主义的知识观力图克服这两者的对立。

实用主义知识论的代表为美国的詹姆士和杜威。詹姆士在《实用主义》一书中阐述了有用即真理的观点。实用主义是一种真理观，如果把各个流派比作一个走廊两边的房间，实用主义不是哪一个流派，而是各个流派之间的走廊。实用主义是一种平民哲学，一种个体哲学。从严格意义上讲，每个人都是一个实用主义者。这样实用主义知识论就通融了理性主义和感性主义、理智主义和感觉主义、绝对论和怀疑论的知识观。

实用主义大师杜威则采取生物学的观点，视理性与经验为知识发展历程中互相关联、彼此依赖之两种因素。从生物求适应环境的观点来看，知识乃成为行动之工具，是生物与环境交互作用。杜威认为实验科学是验证真知的不二法门，胡适的大胆假设、小心求证即受杜威实验主义的影响。杜威反对二元论的对立，认为此种对立来自不民主社会阶级区分的表现，所以他的哲学称为连续性哲学。理性或观念即是未证实之经验，经验即是已证实之观念或理性，这就折中了理性主义与经验主义，消弭了知与行之对立。

在杜威那里，知识之特性有如下几个：实用性，知识是解决问题的工具，表现在经验对人类行为之指导作用；行动性，知识起源于实际的活动，知识在行动、实践中获得，亦在行动、实践中验证其真伪；创造性，知识不是永远不变的，是适应环境需要的，知识不是模拟实在界，而是以观念作指导，经由实验科学引起实在界变化所得之结果，具有前瞻性与创造性。

杜威借由观念与事实的联结，来解释知识的产生。杜威在《民主主义与教育》一书中指出，若无感官所认知的个别事实，则无认知之内容，也不会产生智慧，若未能将殊相放入已有的背景中来找出其意义，亦即无运用理性或思考，则殊相仅是一刺激物而已。杜威以科学实验方法建立了解决问题思想的五大步骤：发现疑难问题；确定问题的性质；发生解决问题的臆说；推演臆说的含义；继续观察与试验，以视臆说的含义是否与事实相合，因而接受或排斥臆说。

总之，杜威的知识观有这样一些基本点：知识是解决生活问题的改造经验；知识来源是人与环境交互作用；知识是主观与客观兼有；知识是进步的、创新

的；知识是主动摄取的；真正知识是验证真理（而非理想主义者的贯通真理和实在主义的符合真理）。

实用主义知识观也并非由于其折中性而趋于完美，这一知识观同样有其不甚周延与值得商榷的地方。比如，用科学实验方法探求哲学知识，在情境的控制上有很多的困难；由于对知识实用性的强调，知识必须经过验试方能证明真伪，而验证知识的实验历程，有时会十分漫长；过分注重知识的工具性与实用性，易使人陷入功利主义的窠臼；没有永恒的真理，这使人们求知的信心受到打击，且在求知过程中容易真假莫辨；过分强调动态的知识，也贬低了永恒而普遍之知识对人类精神的支持性价值。实用主义的知识观在教育实践中有充分的体现（杜威的教育思想在世界范围内都有深刻的影响），它所强调的探究、反省与行动对于教育活动很有助益，但也存在人所共知的一些缺陷，如影响到系统知识传承等，这里不做赘述。

（四）建构主义的知识观

建构主义知识观认为，知识不是客观的东西，而是主体的经验、解释和假设。知识不是客观存在的被人发现的东西，而是人在实践活动中面对新事物、新现象、新信息、新问题所作出的暂时性的解释与假设。无论个体知识还是公众知识都是如此。因此，知识并不能绝对准确无误地概括世界的法则，提供对任何活动或问题解决都实用的方法。在具体的问题解决中，知识是不可能一用就准、一用就灵的，而是需要针对具体问题的情境对原有知识进行再加工和再创造。所以，知识不可能以实体的形式存在于个体之外，尽管通过语言赋予了知识一定的外在形式，并且获得了较为普遍的认同，但这并不意味着学习者对这种知识有同样的理解。真正的理解只能是由学习者基于自己的经验背景而构建起来的，取决于特定情况下的学习活动过程。

建构主义知识观的产生是基于建构主义心理学。从格式塔和行为主义，到认知学派和建构主义，是西方学习心理学发展的一个重要路径。建构主义心理学的主要代表是皮亚杰和维果茨基。皮亚杰认为学习活动本质上是一种主体转变客体的结构性动作，目的在于取得主体对外部自然与社会环境的适应，从而达到主体与环境之间的平衡，同时将这种动作协调结构内化（同化或顺应）为主体的认知结构（图式）。皮亚杰的理论发展到极端，知识就成为了一种概念和行动纲要，作为外部世界状态或事件正确表征的有关真理的习惯概念被有关“生存力”的设想所取代。“生存力”与真理不同，它与目标、意图形成的情境脉络相关联。知识是在具体的情境脉络中被创造出来的，它对于这个情境脉络的“生存力”是判断知识之真实性的标准。更有人认为，知识无非是语言，知识和语言的存在和意义依赖于参与各方的共同认可，而这种共同认可依赖于情境脉络，依赖于当时的条件和限制。知识完全是一种社会建构的结果。

维果茨基是和皮亚杰相对应的一位心理学家，他们有很多相应的观点与不同观点。在维果茨基那里，学习是人特有的高级心理结构与机能，这种机能不是从内部生发产生的，而只能产生于人们的协同活动和人与人的交往中；这种高级心理机能最初形成于人的外部活动中，并在活动中逐渐内化，成为人的内部各种复杂心理过程和结构。因此，人的心理发展既是个体的，又是社会的，个体的知识建构过程和社会共享的理解过程是不可分离的。维果茨基创立文化历史发展理论，强调认知过程中学习者所处社会历史背景的作用。这样，知识也就是作为社会交往中介的具体的文化，知识建构事实上是一种文化建构。

社会建构主义和社会文化认知观等流派的建构主义者对知识的来源、属性和

标准等问题作出了不同的回答。在其他相关的研究领域中也有大量对于这些问题的探索，除了我们常看到的哲学、科学史和科学哲学的研究者、社会学和人类学的研究者以外，文学理论家、语义学家和修辞学家等也对这些问题探索不止。

总之，建构主义有不同的派别与观点，但作为一种新知识论其共同特点都在于强调知识的建构性、知识形成过程的社会协商性，即知识不是被“发现”的，而是被“发明”的。激进的建构主义（个人建构主义）认为知识是完全个人化、地域化的，没有普遍适用的知识。建构主义，尤其是社会建构主义却并不反对公众知识，而是主张公众知识在个体化后才成为个体的知识。对此，布尔迪厄的结构建构主义或建构结构主义概念或许有用，注意结构和建构的内涵差异之外，社会的结构和个体的建构确实是同时发生的，惯习和场域间就是一种认知建构的关系，一种知识关系[1]。

建构主义知识观是建构主义教育理论的有机部分，后者是我们新课程改革的理论基础。建构主义对情境、协作、会话、意义建构以及发现探究的强调，都与其知识观有众多的联系。建构主义的课程观和教学理论是我们所熟知的，本书将在后文做相应介绍。

（五）后现代主义的知识观

后现代主义是20世纪后半叶在西方社会流行的一种哲学、文化思潮。后现代主义知识观是建立在它对现代知识观批判的基础之上的。后现代主义在知识观方面的革命可以概括为，从既定知识观到动态知识观，由普遍化的知识观到境域化的知识观，从一元化的知识观到多元化的知识观，由累积性的知识观到批判性的知识观。相对于前面所言的现代知识论知识的客观性、中立性、普遍性的观点，

[1] ［法］布尔迪厄，［美］华康德．实践与反思[M]．北京：中央编译出版社，1998：172.

后现代主义哲学思潮在知识论上的主张完全相反，知识具有文化性、情境性、价值性。

后现代主义认为个体的认识兴趣以及其他许多与认识行为有关的条件“选择”了认识对象，“制造”了认识对象，并且那些宣称获得了那种“符合性”的结论都是在“悬置”一定的反常现象时才得到的。知识从其产生的整个过程来说都不可避免地受到其所在文化传统和文化模式的制约，与一定文化传统和模式中的价值观念、生活方式、语言符号乃至信仰都不可分割，因而是“文化涉入”而非“文化无涉”。

随着对知识“客观性”的批判，“普遍性”也受到了来自当代知识社会学、人类学和心理学尤其是后现代主义者的反驳。任何知识都存在于一定的时间、空间、理论范式、价值体系等文化因素之中的；任何知识的意义也不仅是由其本身的陈述来表达，而是更由其所位于的整个意义系统来表达；离开了这个特定的情境，既不存在任何的知识，也不存在任何的认识主体和认识行为。后现代主义的旗手福柯，更是用知识考古学和系谱学的方法，证实“真理”就是在权力的整合下，一整套有关话语知识的产生、规律、分布、流通和作用的程序。

知识的价值性表现在，科学家和知识分子已经不是或主要不是为了知识的兴趣或人类的利益而进行研究。如利奥塔所言：“古老的原则认为，知识的获得与心灵的教化分不开，这条原则今天已经过时，而且将来会更加陈腐……知识的供应者与之使用者之间的关系，现在正倾向于商品生产者和商品使用者之间的关系，知识不再是自身的目的，目的都是为了交换。”[1]

后现代主义知识观强调知识的文化性、境遇性和价值性，解构了传统知识一

[1] [法]利奥塔．后现代状况：关于知识的报告．北京：三联书店，1997：1．

切特征。这种对传统的知识观的解构有利于消除文化霸权，有利于人类认识的深化，避免故步自封。但是这种解构不应该是解构性的，不应该是以一种知识观来取代另一种知识观的二元对立的关系，事实上这也是不可能的；而应该是一种建设性的解构，也就是说后现代主义知识观实质上应该是对传统知识观的补充和完善，因为一切事物都是发展的，知识观也一样。

新课改的一个重要哲学基础就是后现代主义知识观，不能否认哲学对教育观念会产生影响，但是二者并不是一一对应的关系。毕竟哲学研究的是“人类”，而教育研究的是“个体”。哲学意义上的知识观的转变并不能要求教育领域也发生相对应的变化。而且正是知识的传统特征保证了学校教育的存在，也是学校教育得以存在的依据。如果说知识主要是境遇性的，那学校教育就没有存在的理由了。又如知识如果只是个体性的，那么就不需要学校教育了，连教育都没有存在的必要了，个人就可以教育他自己。因而在教育领域中的知识，还是应该给予学生相对来说具有传统特征的知识。

三、新课程背景下教师应有的知识观

（一）直接经验与间接经验及其地位关系

1．直接经验和间接经验

直接经验与间接经验是人类知识结构的两个部分，是马克思主义实践哲学的独创。直接经验是“由亲身参加变革现实的实践所获得的知识”，而间接经验是“由书本或别人那里得来的知识”，现代社会间接知识当然还可以从更多的知识媒介来获得。就知识总体来说，一切真知来源于直接经验，间接经验的学习多数时候也需有一定的直接经验做基础才有好的效果。但由于人类实践具有社会性、丰富性、继承性，靠个人亲身实践来赶上现代文明的进度，进而创造新的文明是不大可能的。而要把间接经验变成自己的东西，有效指导实践，则必须亲自实践。间接经验也要靠实践来检验看它是否过时，并在实践中不断发展。

直接经验和间接经验与中国传统哲学中的知与行关系密切。可以用一次的知与二次的知来区分不同的知，二次的知即知别人所已知的知。那么一次的知获得直接经验，二次的知获得间接经验。一次的知来自于行，二次的知来自于一次的知，故行是一切知识的源头，直接经验是间接经验的源头，二者是源与流的关系。

直接经验与间接经验和后文的理性认识与感性认识、显性知识与缄默知识是“一张饼的不同切法”，是对知识的不同分类，不能将间接经验、理性认识、显性知识中的任何二者相等同，同样也不能将直接经验、感性认识、缄默知识中的任何二者相对应。从后文的概念分析中可见一斑，它们来源于不同标准的分类。

2.间接经验和直接经验的地位关系

自新课程的实施与酝酿以来，我们引入了国外的众多课程与教学理论，其哲学背景不尽相同，流派纷呈，对人们的教育观念和中国直接经验与间接经验地位关系的教育实践传统形成了有力的冲击。在课程改革轰轰烈烈进行的时候，出现了一系列的问题和困惑，为众多的一线教师与教育专家、学者所直觉和反思。这其中较为热点的问题即为：中小学教育是否应以教学为主，中小学教学是否应以课堂为主，是否应以间接经验的学习为主，在间接经验的学习上是否应以讲授为主等。下面我们做简要澄清。

（1）以间接经验为主

我们认为中小学教育教学中以内化间接经验为首要使命。首先，中小学作为基础教育不能不以基础性为重，过于强调直接经验有碍于学生系统知识的掌握。

知识就是财富（物质的与精神的），经济学上对国际经验的研究证明，投资基础教育的收益远大于投资高等教育。这个投资是人力资本的投资，是对学生的基本知识、基本技能、体力的投资。而非通过大量实践使学生都具有创新精神和探究高深学问的能力，而不使其具备最基本的生活常识和生存能力。而从获得人文社会科学知识方面来讲，也同样需要永恒经典的讲解阅读，这些知识是无法通过社会实践、人生体悟就能有深刻的把握的。

其次，从教育的基本职能上说，教育要促进个体的身心发展，加快个体的社会化进程，要传承创新知识经验，要促进社会的延续与发展，要达到这些就不能不强调间接经验多于直接经验。学生的认识过程却不能等同于一般个体的认识过程。教育就是要使人“站在巨人的肩膀上”，借助人类认识的阶梯，在较短的时间内获得大量的知识，达到文明的巅峰，除了以间接经验的学习为重，确实别无他法。非要使学生凡事都经历实践—认识—再实践—再认识的摸索、反复的过程，只能让我们的国家远远落后于世界文明的进程。学校教育自它产生以来就是重间接经验胜过直接经验的，近现代的中小学教学中尤其是如此。西方教育实践史上的失误及当今学校对间接经验特别是系统基础知识扎实基础训练的重视，对我们提供了有益的启示。

总之，中小学教育以传授间接经验为重是中小学校自身的规定性，是教育学的常识性问题。中小学教育应以教学为主，因为教学是教育的主渠道。中小学教学是否应以课堂为主，应以间接经验的学习为主。在间接经验的学习上应以讲授为主，因为教学即教和学的统一，学生的自我调节能力水平决定了教师在教学中居于主导地位。无论如何，学校是通过教师的传承“再生产”知识的，无须新一代人再重新去发现、发明。故而理论和实践上的偏失是应被澄清的。

首先，将学生创新精神和实践能力的欠缺归之为“过于重视书本知识”，而将直接经验与间接经验对立起来，进而过分重视直接经验的作用与价值是错误的。二者对于个体的发展都是不可或缺的，不能做出非此即彼的选择。

其次，有人认为，既不能把学校中的知识传授看作与培养学生情感、态度价值观无关甚至相悖的活动，也不能企图完全依靠学校教育来完成学生全面素质的养成。那种认为只要开一些实践活动课，或者以直接经验的方式来获得体验和知识，就可以提高学生各方面素质的观点，其理论假设是：学校能够把学生什么都教会，学生的一切素质都是可以通过教育培养的。其实，学生的全面素质不可能仅通过课堂培养出来，也不可能仅通过学校教育就能全部培养出来，学校并不能把学生什么都教会。

还有人提出教育要回归“生活世界”，回归自然，回归完整的自我，认为生活即课程、自然即课程、自我即课程。他们在有机论的指导下呼吁取消各种的二元对立。这种所谓的中西结合其实忽视了教育的特殊性，教育源于生活但要高于生活。教育的诸种回归只能使学生在复杂迷乱的世界中丧失自我，沉沦为本我，不能超我。因为教育并没有成功地提供给学生批判反思的工具，即人类的思想（间接经验）。而直接经验多流于肤浅，并不能使学生思之深刻。

所以，对间接经验主要应有如下几点把握：一是绝不能“轻视知识”，要树立学习化社会与终身教育的理念，坚持把间接经验的内化作为中小学校的首要使命；二是对间接经验（如直接经验与间接经验的理论）也要批判地吸收与传授，要选择那些能使学生身心健康地生存在这个世界中的知识，协调好个人与社会需求的关系；三要使间接经验的获得内容组织上趣味化，形式上多元化，将打好基础与发展个性结合起来；四是要将间接经验传授与智力能力发展结合起来，照顾

好理论与实际、学与用的关系。

（2）重视直接经验

重视直接经验首先是由于直接经验能促进间接经验的吸收与强化。个人已有经验，尤其是直接经验是影响注意稳定性的重要因素。个人的直接经验具有亲历性、情境性、情感性、具体性等，最重要的还是它具有个体性。正由于外在的东西与内在的东西产生了一种关涉、呼应，才使个体更为兴奋，进一步产生兴趣与动机。又有很多人认为，努力能使人对不喜欢的材料产生兴趣，因为他在这个对象上产生了价值感。故当老师所讲的内容与学生的直接经验相关时，学生便有获得更多价值感的期待而乐于易于理解和掌握所提供的间接知识。此外，做的过程显然能实现对已获得的间接经验的进一步强化。

人从事实际活动的主要品质，如需要、价值系统，情感、意志调控系统，技能、能力等对外操作系统的发展，也是离不开直接经验的重要作用的。主体亲身活动之所以能对人的心理发展产生作用，乃是因为主体活动的过程是主体在自身需要或活动目的推动下，依据活动的客体及活动过程的规定性、能动地调整、改造和丰富自身的心理结构，以便对客体施加能实现预期活动目的的作用的过程。在某种活动中，主体为了实现预期的活动目的，必然会根据该种活动的客体的特性及活动过程的运行规律，能动地对自身已有的心理结构（包括已有的认知结构、技能和能力、情感和意志等）进行调整、改造和丰富。而活动成功的过程，不仅仅是主体客体化的过程，对于人的身心发展来讲，更有意义的是客体主体化的过程。直接经验带来的不仅是更真切、更鲜活的认知了解，而且能使主体对客体及活动过程产生亲身感受、内心体验和深刻领悟。当然，我们不能因此轻视间接经验的指导借鉴作用。间接经验能为各种活动品质提供训练的内容材料，其技术、策略、思想、经验的指导作用能够缩短进程，乃至点石成金。

直接经验还是形成主体性、个性与创造力的重要途径。与间接经验的易于脱离实际相比，直接经验使学生对教学内容有更多的卷入，更易于表现自我，发挥能动性。正由于主体发挥了能动性，其展现出的独特个性便能使之有所创新。直接经验要求学生输出已有知识，解释问题、解决问题。一味输入而无输出显然不能使学生获得主体性。但任由学生做爱做的一切，或凡能做的事便要做上一遍是不可行的。知识情感能力都是可以迁移的，观察示范而后练习也可以代替探究实践达到提高效率的目的。而练习在许多教育家如孔子那里也是一种“行”。

教育应该以间接经验获得为主，但也一定要将书本知识与现实生活、与学生的直接经验很好地结合。如何很好地结合，可以把握以下几点：一要对直接经验的内涵及价值、作用有准确灵活的认识。要认识到实践的界限，对自己的思想认识进行改造也是实践，社会交往活动亦是实践，而不止科学实验和生产实践是实践，这些经验也就都是直接经验。第二点，在处理直接经验与间接经验的关系上，要遵循教育目的的要求，处理知识获得渠道问题。在教学目的中也要注重两种经验的扩展。三要有意识地结合两种知识，实现互含互为，注意不同形式的直接经验，注重效果，提高效率。

（二）理性认识和感性认识及其地位关系

1.理性认识和感性认识

按知识发展过程的阶段性或反映深度，可以将知识分为感性认识、理性认识[1]。理性认识是指对事物本质和规律的认识，感性认识是指对事物现象的认识。

[1] 需要注意，这里的“认识”像前面的直接经验和间接经验的“经验”一样，都是在“知识”的范畴内来讲的。理性认识和感性认识的“认识”不同于一般的认识，是对知识的分类，即也能称为理性知识和感性知识，是通用的。

理性认识和感性认识的区别在于，理性认识是对事物本质和规律的认识，是认识的高级阶段，是认识的根本任务，它比感性认识更正确、更可靠、更深刻，能更好地指导实践。感性认识是对事物现象的认识，是认识的低级阶段，是认识的起点。理性认识和感性认识的联系是，理性认识依赖于感性认识，感性认识有待于上升到理性认识。

理性知识、理论性知识、理性认识易被归为间接经验。在一些人那里，间接经验似乎就是书本知识，而书本知识似乎都是理论性的，人类文明的精华，殊不知间接经验还可以从别人的口述中得到。而且，书本知识和别人口述的知识都未必是理性知识。其次，还在于有些人受一些现象学、后现代等思潮的影响，不自觉地对我们原来作为话语前提的那个直接经验与间接经验进行了新的界定。比如有人认为，马克思的感性知识其实也是理性知识，理性应与非理性相对应，而非与感性相对应[1]，那么凡是以稳定清晰的内部或外部语言形式出现的知识都应属于理性知识。还有人持一种相对主义的观点，对理性知识、感性知识理解不清而完成了上述的词义变化。相反，直接经验也可以获得理性认识，有一些真理是通过个人独自的科学实践得到的，尤其是那些原初原创的成果更能表明这一点。

理性知识易被归为间接经验，还和对经验的界定有关。传统哲学中理性是与经验对立的，经验常被理解为通过感官被动获得的一些散乱的感觉印象；理性又与概念、判断、推理有关，某种意义上与感性对应。那就会造成只承认感性知识为经验，经验与感性知识在一定程度上是一致的。人们容易把经验理解为体验、实践，如“经验课程”中的经验，这就使经验与直接经验近似了。而直接经验和间接经验是对“知识”的分类，只是以经验为“后缀”，所以它自身也倾向于成

[1]　德国哲学家海德格尔即对马克思主义者的观点进行了批判。

为理性认识。最后，一言以蔽之，理性认识可以通过直接经验获得，间接经验也有感性认识。

2.理性认识和感性认识的地位关系

在现代社会，教育教学中理性认识和感性认识的地位关系需要置于一定的背景之下来考量。现代社会是科技主义、理性主义至上的现代社会，尽管有反理性、反科学、反现代的思潮，总的来说现代化仍然是未完成的。非理性主义思想包括中国的传统经典，只能是现代性的解毒剂、清新剂，而不能成为驱动社会发展的思想主流。同时我们又要意识到，我们所处的社会的后现代特征[1]，下面简要从视觉文化时代和创感时代两方面出发来理解感性认识和理性认识的地位关系。

(1) 视觉文化时代的理性召唤

视觉文化是指现代文化在现代传播科技的作用下，"文化脱离了以语言为中心的理性主义形态，日益转向以形象，特别是以影像为中心的感性主义形态"，"视觉文化，不但标志着一种文化形态的转变和形成，而且意味着人类思维范式的一种转换"[2]。从电影理论家巴拉兹的"视觉文化"[3]，到哲学家海德格尔的世界图像，再到传播学家麦克卢汉的电子时代以及德波的景观社会和鲍德里亚的仿像时代，在近一个世纪的时间里，都在预言着视觉文化时代的来临。而今天，视觉文化时代在高技术媒体的支持下彻底地来临了。

媒介事关一种认知的发展。波兹曼在《娱乐至死》中提出，媒介即认识论。

[1] 后现代这一概念本身是自否定的，即对于后现代没有统一的界定本身就是后现代的，后现代就决定了对于后现代自身不会有统一的认识。后现代可以是一种思潮、一个年代、一种社会形态、一种生活方式、一种知识观等。

[2] 陶东风、金元浦、高丙中编．文化研究第 3 辑 [M]．天津：天津社会科学出版社，2002：72.

[3] 巴拉兹认为"看电影是学会的"，所以视觉文化即指一种看的素养。由于电影的产生，人们重新通过手势、表情、图像来了解世界和表达对世界的理解，这是一种文化的转折。

现代视觉媒介给人的最大的影响是：他们不再关心真理。现在的青少年的认识和行为习惯在视觉文化的无形影响下具有种种新的特点。首先，他们是一看就信的。“媒介真实”和视觉媒体所制造出的一种漠不关心，使青少年一看就信。视觉的经常被误认为是真实的，但是视觉事件却同样可以是制造的真实，起码也是带有主观色彩的剪辑所制造的真实。信息位差和围观者的身份，使青少年难以成为一个负责任的认知主体，观望而不深究，轻信而不探查。一看就信也是由于纷至沓来的信息造成的，信息太多以至于无暇辨别。其次，视觉媒体造成了认识论的生活转向。理性主义所受的打击就在于，青少年对文字等抽象符号失去了耐心，而更倾向于接受图像与影像这些更为直接的便捷的世界摹本，柏拉图的摹本论被彻底抛弃，因为识读那一摹本需要花费太多的心理意志的努力。

视觉文化使学生的感性程度大大增加，这胁迫教育不得不做出相应的变化，以新的方式强调理性文化、理性认识的重要性。首先，要在寓教于乐的时候保证学生对待知识的严肃性。将教学娱乐化的后果就是，学生认为学习是一件可以儿戏的事情，真理是可以随意为之的。教学的形式冲击了教学的内容，教学的形式本身就具有教育性，所以在一种非理性形式的教学中，学生的理性认识的获得和理性的形成也无从落实。其次，要给学生树立一种认识，学习本身就是一件刻苦的事，理性认识是学习的主要内容。给学生更多的学习过程的元认知的知识，使他们成为自我调节的学习者，在学习中生成一种间接的动机与兴趣，不仅为外在目的而学习，也为学习过程中的价值感和成就感而学习。以理性的形式获得理性的认识，消除大众社会视觉文化的不良影响。

（2）创感时代的感性力量

与视觉文化时代相应的是创感时代，创感时代强调的是感性的力量。从传统认识来看，认识论除了科学认识论，还应有审美认识论，所谓的直觉、灵感、顿悟、形象思维就是这种认识论形式。创感时代则是基于脑科学的研究肯定感性，认为左脑使用逻辑、线性、基于推理的思维方式；右脑使用综合的、创造性的、基于境脉[1]的思维方式。依赖左脑的时期是信息时代，重视右脑的时代是创感时代。未来属于那些拥有与众不同思维的人，做电脑无法做的事情，用创感参与竞争。黎加厚认为今后的人们需要掌握设计感、故事感、综合感、共性感、娱乐感、意义感这六种新时代必须具备的基本能力[2]。

创感时代、感性认识以及感性思维成为社会文化资本以及经济增长的创生点。后工业社会，符号价值尤其是审美的符号价值成为商品价值的重要组成部分，通过创感设计提升商品的高额附加值，这是社会生产力高度发展的必然。《世界是平的》这本书，描述了全球化的"脑分工"。欧美发达国家掌握核心技术和先进设计理念，引领着世界科技经济发展方向，以中国为代表的发展中国家自主创新能力不足，缺乏核心技术，缺乏自主知识产权，更多依靠廉价劳动力的比较优势，依靠资源能源的大量投入来赚取国际产业链低端的微薄利润。自动化的盛行，使机器与及机器人代替了人的左脑，右脑经济是一种创意经济、想象力经济。为了使中国制造转变为中国创造，就必须从童年时代开始培养中华民族下一代的全新思维，即创感思维。

在教育教学中重视创感以及感性也是人类发展的趋势使然。随着生产力的发展，人类将从工具本体走向心理本体[3]，所谓的心理本体，其实就是人获得了自

[1] 即情境与脉络。见黎加厚《创感时代的境脉思维》一文（《中国现代教育装备》，2009 年第 10 期）。

[2] 不只关注功能，还重设计；不只关注证据，还重故事；不只关注专业，还重整合；不只关注逻辑，还重共情；不只关注严肃，还重娱乐；不只关注事务，还重意义。

[3] 见李泽厚的历史本体论，"历史建理性，经验变先验，心理成本体"。

由、美感和全面发展的状态。教育中的感性知识不再是肤浅的、片面的，而是升华到了一个新的层次，促成一种认识论上的成就，不仅使人认识世界，而且使人完整地认识到世界。世界不仅仅是理性的概括与抽象，事物的本质也不是公式和教条。个体脱离了工具性的存在，个体所掌握的知识也不再是使自己受奴役的类型，而是悦耳悦目、悦心悦意、悦志悦神的。总而言之，感性的力量同样是人的本质力量，感性知识与感性思维也不容被忽视，对理性知识进行新的综合的感性认识也就不复是最初的感性认识。

（三）显性知识和缄默知识及其地位关系

1.显性知识与缄默知识

在当代知识理论中，人们将不能清晰反思和陈述的知识称为隐性知识或缄默知识，将那种能够反思和陈述的知识称为显性知识。前者有下列特征：第一，不能通过语言、文字或符号进行逻辑的说明；第二，不能以正规的方式加以传递；第三，不能加以批判性反思。缄默知识是否存在是有争议的，这种知识似乎存在的（孔子的不悱不发就给了我们一些暗示），但其广泛性肯定是有限度的。诺贝尔经济学奖获得者哈耶克认为“行先于知”，很多行为规则都有一个由模糊到严格的过程。人们最初对行为规则的把握是模糊的，但却已经“以这些规则所能描述的方式行事了”。只是随着智力的增长，这些规则渐从无意识的习惯发展为清楚明确的，模糊规则便由于被陈述而成为一种严格规则。拿古猿—猿人—人的进化过程类比，猿人可称之为人正如缄默知识可以称之为知识。但缄默知识是有限度的，正如猿人始自直立行走、手脑进化的古猿。

要指出的是缄默知识还有另一种形式。人们在进行无意识的行为时，大都是在缄默知识的指导下。我们无意识地进行一定的程序，使用一定的策略，知识最初获得时即是一种“不悱”的状态，我们称之为缄默知识；若知识经历了从清晰到模糊，内溶为一种习惯与情感，我们亦称这种无形中运用的模糊化的知识为缄默知识。这是第二种缄默知识，它类似于老庄那里被忘了的那个“知”，也具有缄默知识的特点。这样，以人的一生来类比，两种缄默知识可以比作人的童年和老年，人们在这两个时段是各有着自己本真的大哲学。总之，缄默知识常是内居的、个体的，在情境中形成技术性的关于“know how”的知识；缄默知识之所以成为知识在于它与显性知识的作用效果相同，即除却它的几个独有的特征外与一般知识无异。而通过它与显形知识的关系，我们会更容易理解。

有人将知识分为显性层（概念、命题和原理）、准显性层（思维方式、方法和过程）与隐性层（态度、情感和价值观）。意识是心理的过程与属性，这种知识分类似乎是在弗洛伊德有意识、无意识与潜意识的三分法中加入了知识内容而形成的。笔者认为他是过于泛化了知识的，他或许不意于使隐性层的知识等同于隐性知识，但这却易造成一种混乱，使我们可以坦然地将重心转移至后两者，而忘记了第一者（作为它们的前提与目的）。知识不能泛化为一般的认识，缄默知识仍旧是知识。知识的范围大于真理而小于认识。知识与客观事实基本相符，在真知外还包括很多现象的知识、日常知识等。由缄默知识与显性知识我们可以推衍亦有缄默认识与显性认识，有认识便是学到知识的看法是值得推敲的，因为有很多认识是个人的、错误的、低俗的、荒诞不经的。

2.显性知识和缄默知识的地位关系

显性知识有直接经验也有间接经验。由于知识的共感，隐性知识同样可以是间接经验（如果间接经验的范围足够大的话），缄默知识可能更多会被理解为直接经验。如果就缄默知识是如何做的知识而言，缄默知识接近于直接经验；而如

果就缄默知识的不可言传，它又接近于感性认识，如上文所言，是两种层面的感性知识。所以，就上述说明，就可以知道在现代教育教学中，显性知识和缄默知识是互相补济的，在二者的地位关系上没有更多的讨论。人们新“发现”了缄默知识，对缄默知识的认识使其重要性逐渐被意识到。但是显性知识显然仍有其毋庸置疑的地位，在教育领域中也是如此。

作为实践知识，显性知识和缄默知识是不同的知识分区，彼此互不冲突，因此也有着同样重要的地位。经典教育心理学将知识分为陈述性知识和程序性知识，即是什么的知识和怎么做的知识。在程序性知识中，显性的可表达的部分称为技术性知识，而不可表达的称为实践知识。缄默知识在看作实践知识的时候，与显性的陈述性知识和技术性知识是同样重要的。缄默知识是在行动中、实践中获得的知识，所以说显性知识更由于其易于传播而成为社会知识，而缄默知识由于其上述特性而成为个体知识。个体知识和社会知识显然在重要程度上是难分彼此的。

从学校教育的目的性、组织性、计划性来说，显性知识仍是更为重要的知识类型。显性知识是易于控制易于传播的，学校教育的职能是加速人的社会化和传承文明遗产，显性知识是以成为国家社会所办教育的首要选择。缄默知识有其重要性，缄默知识的获得却是不可控的，它更是一个无需干涉的自然过程，能够知道其存在而促进知识内化，却很有限度。知识也毕竟不能完全靠共感来传达，这种知识在管理上不透明。对缄默知识的重视，只能通过间接行为来实现，且常常是通过无声的行为来改善无声的行为。比如一个学校的学风能够被学生缄默地获得，成为促动他们的学习行为的知识。改善学风的方法可以是显性的要求，也可以是间接地传达，学校可以通过对学习型学校的建设、学习典型的树立与宣传，使学生默会到学校的精神。这种做法和教学中因为缄默知识而强调体验性学习一样，作用都是有限的。

最后，简述一下科学知识和人文知识及其地位关系。这是一个老生常谈的话题。现代教育更是一种大众教育，人文知识不断被边缘化并不是无休止的，人文知识会逐渐回到学校教育中来，现在其实已见端倪。更深来追究，这是由于人的全面发展及其教育的过程是一个自然历史的过程，不能企图一下子实现；在人类发展的漫长的历史阶段里面，人首先是以求生存的工具样态走向全面发展的，科学知识更是工具性知识，服务于人的工具性存在。在生存性语境中，全面发展的教育首先是人生存、发展的重要工具。在人类教育几千年发展的历史当中，以工具性和功利性为标志的生存性教育始终占据着主导地位，科学知识教育在今天成为这种教育的代表。在生存性语境中，全面发展教育的任务主要是教人“何以为生”(当然也要教人“为何生”)，把人首先当作自己生存与发展的手段，人只有首先成为手段，才能成为并实现自己的目的[1]。这样，整体上来讲，在基础教育阶段，人文知识重于科学知识的重要性是不实际的。在生产力不够发达的今天，人们还不能摆脱对物的依赖，成为真正自由的人。理想的教育也只能是一种适度超越的教育，即工具—目的性的教育，也即以科学知识为重、辅以必需的人文知识的教育。

[1] 于伟．论人类中心主义教育观问题[J]. 教育研究，2006（01）.

第六章　新课程改革背景下教师的课程观

教师的课程观往往隐含着教师的课程思维方式，直接或间接地影响到教师在教学过程中对重要的实质性课程问题的思考和解答。传统课程观和现代课程观之间具有四方面的差异。课程观的转型，对课程设计、课程实施和课程评价等产生重要影响。实现教师课程观的转型是贯彻新课改精神的内在要求与必然选择。

一、教师的课程观

（一）何谓课程

关于课程的定义，按照课程的含义概括，有两类最为典型。

1.把“课程”定义为“有组织的教学内容”、“书面的学习计划”或“预期的学习结果”。例如，在斯宾塞的眼里，所谓课程，即是“教学内容的系统组织”；在塞勒看来，课程是为受教育者提供一系列学习机会的计划。

2.把课程定义为学生在学校所获得的有意义的学习经验，包括学习的经历、历程以及从中获得的各种经验与体验。美国学者卡斯威尔、坎贝尔认为，“课程是儿童在教师指导下所获得的一切经验”；谢泼德和雷根以为，“课程由儿童在学校指导下所获得的不间断的经验所组成”。

按照课程的词性分类，主要有以下两种类别：

1.课程作为名词使用所代表的课程观

（1）课程或是预定学科知识内容的综合，或是预定的教学计划，或是预期的学习结果；

（2）课程以“知识”为本位，注重书本知识或间接经验的获取，注重系统的、公共的知识的学习；

（3）无论是课程内容还是课程活动，都是封闭的、固定的，课程是预成性的，以结果或产品形态存在。

传统的学科课程是这种课程观的突出代表。

2.课程作为动词使用所代表的课程观

（1）课程即学习者从学习活动中获得的一切学习经验或体验；

（2）课程以学习者的“经验”为本位，注重活生生的直接经验或体验的获取，注重个人知识、实践知识的学习；

（3）无论是课程内容还是课程活动，都是开放的、运动着的，并在某种程度上是不可预期的，课程是生成性的，以过程或活动形态存在。

以杜威为代表的活动课程或经验课程是这种课程观的突出代表。

进入20世纪70年代以来，课程的内涵发生了重要变化，呈现出如下6个趋势：

1.从强调学科内容到强调学习者的经验和体验，进而强调课程的会话本质。

2.从强调目标、计划到强调过程本身的价值。

3.从强调教材的单因素到强调教师、学生、教材、环境四因素的整合。

4.从只强调显性课程到强调显性课程与隐性课程并重。

5.从强调实际课程到强调实际课程和“空无课程”并重。

6.从只强调学校课程到强调学校课程与校外课程的整合。

总括看来，课程概念的内涵主要包括四个方面，即课程作为学科，课程作为目标或计划，课程作为经验或体验，课程作为复杂的会话。

（二）何谓课程观

课程观是人们对课程的基本看法。具体来说，课程观需要回答课程的本质、课程的价值、课程的要素与结构、课程中人的地位等基本问题。课程观支配着课程设计、课程实施，影响着学生发展。

郭元祥将课程观的概念归纳为三大类[1]：

1．知识或学术理性主义课程观

知识或学术理性主义课程观把课程视为“学科”或“知识”，认为课程的价值在于为学生未来生活提供充足的理性准备。夸美纽斯认为“教育是生活的预备”，由此提出“泛智主义”的学科课程；20世纪50年代后，以布鲁纳为代表的“认知发展”课程理论也主张“学校教育的目的在于给学生提供一整套适用于各种情境的基本的认知技能”。

2．经验或自我实现课程观

经验或自我实现课程观视课程为经验，认为课程是促进儿童自我实现的手段，强调活动在课程学习中的重要性，强调以人的内在天性为中心来组织课程。卢梭强调儿童通过经验去学习，通过活动去学习，反对死读书。杜威确立并实践了经验课程观，他认为“经验”具有生长的价值，“经验的不断改造或改组”就是教育，就是儿童实现的过程。他排斥知识对儿童生长的实用价值，反对把知识直接教给学生。以儿童的天性和儿童的经验为中心，是其两个基本点。存在主义课程观同样反对为学生规定固定不变的课程，认为课程的根本价值在于为学生提供促进他们自我实现的手段，特别强调学生对待课程的态度以及课程与学生主观性的关系，强调以“人格世界”为重点的课程。

[1] 郭元祥．课程观的转向[J]．课程·教材·教法，2001（06）：11–16.

经验或自我实现课程观认识到：课程仅仅为儿童的未来生活做准备是远远不够的，从而转向关注儿童的现实生活经验、社会生活经验，试图改变教育中儿童个性被压抑、天性被忽视的状况，强调课程作为儿童自我实现的手段，这无疑是课程观的一种进步。

3．生活经验重构或批判课程观

生活经验重构或批判课程观是建立在现象学、解释学和批判理论基础之上的课程观。其代表人物平纳（Pinar，W.F.）主张不要从设计、教材、学程等角度来谈论课程，而要从儿童过去经验和未来精神解放的角度来讨论课程。批判课程理论是以整体哲学观为基础的，他们反对把课程作为纯粹的知识问题来探讨，主张把课程纳入到整个社会意识形态领域来探讨，艾普尔对斯宾塞提出的课程经典问题“什么知识最有价值”的研究，转换成对“谁的知识最有价值”来考查。他发现教育活动本身就是一个意识形态和文化的能动创造过程，学生和教师在课程文化中的阶级、国家和意识形态的“霸权”面前，具有能动作用，教师和学生具有创造课程的能力，具有对课程的批判意识。批判课程理论强调学生是课程的主体，注重学生创造课程的能力。

二、主要课程观介绍

（一）杜威的经验课程观

约翰·杜威(John Dewey，1859–1952)是20世纪著名的教育理论家和教育实践家之一。他依据自己独特的哲学观、心理观和社会观，对教育问题和教育现象进行了系统的理论研究和实践探索，建立了自己独特的教育理论体系，形成了自己独特的课程观，对20世纪课程理论和课程实践的发展产生了深远的影响。[1]

[1] 侯怀银．杜威的课程观述评[J]. 课程·教材·教法，1999（10）．

1.课程经验的选择标准

一切教育来自于经验，但并非一切经验都有教育意义。经验必须满足以下两个条件才能进入课程：第一，经验必须能促进儿童生长。凡是对儿童的成长起阻碍或歪曲作用的经验，都必须被排除在课程之外。真正有教育意义的经验必须能让儿童“从经验中学习”，也“就是在我们对事物有所作为和我们所享受的快乐或所受的痛苦这一结果之间，建立前前后后的联结。在这种情况下，行动就变成尝试，变成一次寻找世界真相的实验，而经受的结果就变成教训——发现事物之间的联结”。第二，经验必须具有连续性。杜威认为有一些经验本身也许是新鲜的、富有活力的和有趣的，但是互不相关，可能使人们形成不自然的、分散的、割裂的和离心的习惯，使人们没有能力去控制未来的经验。这种类型的经验同样是没有教育意义的。

2.课程经验的组织原则

传统的课程按照学科发展的逻辑加以组织和排序，显然背离了儿童的生活和儿童的世界。不过，学科知识和儿童经验之间看似存在鸿沟，两者其实又是可以协调一致的。从儿童经验的角度来看，首先，儿童的经验已经包含了态度、兴趣和动机，这会对儿童从已有的经验发展到课程、教材期望的那个水平起积极的作用；其次，儿童的经验已经包含了各门学科的事实和真理，只不过儿童对它们的认识是朴素的、原始的；再则，儿童的经验并不是一成不变的。从儿童现在的经验进展到有组织体系的真理就是其经验继续改造的过程。另一方面，从学科知识的角度来看，学科知识是人们经过多年经验的积累、归纳、总结、抽象而成的。这些浅显、生动、直观、感性的生产、生活经验是学科知识的起源，也是儿童了解和认识学科知识的起点。这既符合儿童的世界和儿童的认知方式，又符合儿童经验发展的逻辑。

因此，要让学科知识和儿童经验协调一致，课程要解决的最基本的问题是，从儿童现有的经验和生活出发，“把各门学科的教材或知识各部分恢复到它被抽象出来的原来的经验。依照儿童经验生长的实际情况，还原为直接的和个人的经验”，并在儿童已有的经验和未来的经验之间架设桥梁，“发现介于儿童现在的经验和这些科目的更为丰富和成熟的东西之间的各个步骤”。用儿童已有的经验解释未知的经验，就是“让儿童的本性实现自己的使命”。

3.课程的实施方法

在课程的实施方法上，杜威认为“一切学习来自于经验”。这里的“经验”同样是个双义语，当它作为动词时指的是实践、行动、做，当它作为名词时指的是认知、知识、思维的结果等。“一切学习来自于经验”既指通过行动的过程(即“做”)来学习，又指在行动的结果(即已有的经验)中发展思维、获得新认知。

实践、行动、做是课程实施的重要方法，杜威强调“做中学”，重视幼儿直接经验的获得，主张通过一系列的实践活动，扩充和丰富儿童的经验。儿童在做的过程中，“知识既扩展到自我，也扩展到世界；知识变成有用的东西和希望的对象”。但这并不意味着儿童必须完全通过亲自动手“做”来获得直接经验。“一切学习来自于经验”的另一层意思是儿童在已有的经验中学习。为此，杜威将教学过程分为五个步骤：第一，儿童要有一个真实的经验情境，也就是对活动本身感兴趣的连续的活动；第二，在活动过程中产生一个促使儿童思考的问题；第三，调动已有的经验，从事必要的观察；第四，儿童产生解决问题的种种设想；第五，儿童把思维的结果运用于实践，检验这种方法的可靠性。通过这种活动让儿童在应用已有经验的基础上解决新问题，获得新方法、新策略、新认知和

新经验。

4.教育者在课程中的作用

杜威重视儿童在教育中的地位，并不意味着教育者对儿童的放任自流，相反，他对教育者提出了更高的要求：第一，教育者提供给儿童的知识不能脱离儿童的经验，“否则，知识就变成纯粹的言词即纯粹的感觉刺激，没什么意义”。“当前的学习材料应该在现时的经验之中”，这就要求教育者充分地了解和尊重儿童的生活与世界及其认知发展的规律，在儿童已有经验和未来经验之间架设“桥梁”，让儿童在游戏、生活中“不知不觉”获得新经验。第二，“教育者必须在儿童现有的经验范围内，选择那些有希望有可能提出一些新问题的事物。这些新问题能够激起新的观察和新的判断的方式，从而扩大未来经验的范围。”为此，教师必须具有敏锐的“问题”意识，仔细观察儿童的生活，并发现其中可能引发儿童思考的问题。第三，教育者应为儿童提供适当的情境，并通过环境“拐弯抹角地”指导他，使其活动不可避免地朝着生长的方向前进。

（二）要素主义课程观

要素主义作为当代西方主要的教育哲学流派之一，其基本观点是文化的价值具有永恒性和客观性，在人类文化遗产中有着共同的不变的文化要素，学校教育的使命就是把社会的文化遗产传授给青年一代，并促进青年一代的智力成长。要素主义以实用主义教育为对立面，注重重新恢复学校教育在传统文化知识方面的地位，重新加强对青少年的训练，主张重新恢复学校教育在传授传统文化知识方面的地位，重新加强对青少年的训练，使之掌握坚实的知识和基本技能。

1.在课程目标上

要素主义认为课程要做到能够传授文化遗产和进行理智、道德训练。要素

主义的教育目的制约着其课程目标。要素主义者认为教育的目的是为了社会的进步，这里的进步不同于一般理解的改变现状使之更好，而指消除人的恶的本性，进步与否是以人的智慧和道德是否得到继承和发展来衡量的。所以，要素主义的课程目标有两个方面：宏观方面，就是传递人类文化遗产的要素；微观方面，就是实施个人理智和道德训练。

2.在课程内容上

要素主义主张选择共同的、不变的文化要素作为课程的内容。从实在论出发，要素主义承认世界本身有绝对价值，人能通过理智活动达到真理，而真理表现为文化遗产。文化遗产中存在的永恒不变的要素是知识的基本核心。教育的任务就是要使这种文化要素在每一个新生代中再现出来。这就需要精心地选择，把共同文化要素抽取出来组成教材来向学生传授。要素主义者强调课程内容必须有利于国家和民族，要有长期目标，必须包含价值标准，即对个人和社会都有用的基本知识和技能。此外，其认为为达到传授共同的文化要素的目的，应该恢复各门学科在教育过程中的地位，并按照严格的系统编写教材。

3.在课程实施上

要素主义者主张接受教学。其强调教师是教育宇宙的中心，学生要服从教师的指导。要素主义者之所以强调教师的核心地位，是因为他们认为教师即知识和真理的占有者，教师掌握着学科的逻辑体系，了解教育过程，所以教师能够而且必须发挥在教育中的主动权。只有教师才能把人类的历史遗产、民族文化的共同要素以及成年人的世界介绍和引导给儿童，儿童单靠自己是不能理解他必须学习的一切的。要素主义者还提出教学是一种心智的训练。其认为知识的掌握既是文化遗产的掌握，同时也是心智训练的途径和具体内容。

在课程评价上，要素主义者强调高标准严要求。其认为进步主义一方面不能造就社会需要的合作人才，造成教育资源的浪费，造成美国在高科技领域里面缺乏与其他国家抗衡的力量；另一方面，缺乏严格的学业标准，也威胁着学校和自由本身。要素主义者主张全国要建立统一的课程标准，因为只有课程统一才会使人们学到共同的文化要素。这些文化要素又是人们在社会交往和生活中所必需的，而且这种需要也是基于美国人民的认识提出来的，美国是世界上最愿意流动的民族，这种情况下，如果各地区各学校没有统一的课程标准，各行其是，不仅不利于儿童系统连贯地学习，而且也极端不公平。

要素主义课程观强调把人类文化遗产中共同的、不变的文化要素作为课程内容，强调课程内容中的种族经验及其所包含的种族的共同知识，教育即传递人类文化遗产的要素。因为在他们看来，经受了长时间的历史考验的种族经验、社会遗产比个人经验更重要。学生只有在掌握这些人类文化遗产的精华或核心基础上，才能更好发展其基本的读、写、算能力。他们最为推崇的学科是数学、自然科学和外语。课程设置方面，要素主义认为首先要考虑国家和民族的利益，同时课程的组织应当按照严格的逻辑系统来进行。

要素主义课程观与它保守的社会观、政治观息息相关，它之所以产生深广持久的影响，是因为在当时它更符合美国社会发展的需要。尽管要素主义课程观具有广泛深远的影响，但是，它仍然具有自身不可克服的弊端，或者说，这种课程观在它的实施过程中不可避免地引起了教育代价，这种教育代价表现为它忽视了学生的兴趣和需要，阻碍了学生创造性的发挥，忽视了现实社会所关心的问题等。

（三）概念重建主义课程观

重建主义最近的提倡者Mario Fantini、Harold Shane与Alvin Toffler强调

多元、平等与未来主义的课程，学生被教导去欣赏生活在许多国家的世界，一个重建主义者的教育课程内涵有如下五个方面：

（1）批判性地检验社会所遗留的文化与完全的文明化。

（2）不怕检验相互冲突的议题。

（3）小心从事社会与组织的改变。

（4）培养未来计划的态度并考虑现实的世界。

（5）协助学生与教师明确课程，强化文化再生与文化融合主义。

重建主义的课程观如下：

（1）对课程的关注甚于对教育的关注。

（2）注重课程的对话（直观的、个人的、神话的、语言的、政治的、社会的与精神的）方式，处理广泛的问题与社会议题。

（3）以课程理解观替代课程发展观。视课程为教师与学生共同建构与寻求意义的经验与历程；主张课程观不是外界所限定的目标，也不是既定的文本内容，而是师生生活世界的互动内涵。

（4）教师作为转型的知识分子的定位，强调教师对课程的重要性。

（5）强调语言沟通、计较个人自尊、文学、心理学、伦理学、宗教、美学（艺术、诗歌、舞蹈、戏剧）建构课程的意义。

（6）以历史学、政治学、经济学、心理学、哲学、美学、社会学作为课程的主要内容。

（7）将所关心的社会、政治与经济、意识形态的问题反映在课程当中。

（8）师生是课程的主体，教室中的课程，不应是专家的课程，而是师生所希望的课程。

(9) 从课程忠实观、实践观到缔造观，极力主张教师即研究者、教师即课程设计者。

(10) 慎思寻求意义的课程经验可以带给师生拥有课程的感觉，不再疏离异化。

概念重建理论从生态学的角度出发，把学校经验拓展至整个人类经验，并从个体深层生命意义的挖掘与社会整体结构和文化体系的批判改造两个维度上深化了经验本质。其次，概念重建理论在活动课程实施方面提出了“开放性目标”的构想，这有助于我国对活动课程本质的认识和发展。

(四) 后现代主义课程观

后现代主义是20世纪六七十年代以来，伴随西方国家在经济、科技、文化诸方面的新变化所形成的一种新的社会文化思潮。作为一种思想观念的后现代思潮，正日益引起人们的注意。在西方，运用后现代主义思想考查各种学术领域、然后归纳出一套全新理论的现象时有所见。

后现代主义课程观就是在这一背景下，伴随着后现代主义哲学和文化思潮对学校课程论的影响不断扩大而产生的。后现代主义课程观对各种传统课程理论，尤其对被视为现代主义课程典范的“泰勒原理”进行了系统的批判和反思，并且以新的课程理论视角和价值观念阐释课程的本质，对建构新课程理论体系、深化课程改革具有现实的意义。

后现代主义课程观秉承后现代主义思想的基本立场，对传统的课程理论提出挑战，并从对泰勒原理的质疑与改造中打开了建构后现代课程理论的突破口。泰勒的课程原理是围绕四个问题展示的：

（1）学校应该达到哪些目标？

（2）提供哪些教育经验才能实现这些目标？

（3）怎样才能有效地组织这些教育经验？

（4）我们怎样才能确定这些目标正在得以实现？

针对这四个问题，泰勒提出了课程编制过程中的四个步骤或阶段：确定教育目标，选择学习经验，组织学习经验，评价结果。

后现代主义课程观主要有三种代表：

（1）以卡普尔、格里芬等人为代表的以注重相互依存和维持生态为主题的课程观。

（2）以艾普尔为代表的以平等、民主等思想为主题的课程观。

（3）以多尔为代表的以混沌学和无限宇宙为基础的课程观。

这里主要说明多尔的后现代主义课程观，多尔的后现代主义课程观包括六个方面的特点：

（1）4R标准，即丰富性，指的是课程的深度、意义的层次，多种可能性或多种解释；回归性，即强调课程内容之间的纵向联系性，把每一次学习的结束，作为下一次学习的新起点；关联性，关联性表现在两个方面，教育和文化；严密性，为防止因不确定性而使课程陷入唯我论。多尔强调不要过早或最终以一种观点的正确而结束课程，而是要将所有的观点投入多种组合之中。

（2）课程是一个动态发展的过程，课程内容不是简单的封闭性的知识，即面向学生的课程不能是根据某种理论观点而产生、进行的，而是在不断的师、生、环境的特殊实践情境中的课程，这种课程既有总体目标的确定性，又有具体目标

的模糊性。

(3) 课程目标的非预设性或生成性。

(4) 教师是“平等中的首席”，教师的作用没有被抛弃，而是得以重建，从外在于学生情境转化为与这一情境共存，教师不再是高高在上外在的控制者，而是内在于学生情境的引导者，这样，无论理智抑或情感方面，都会与学生感同身受，又能凭借自身的知识经验给予引导、协助，教师的“不言而喻”的权威得以自然产生。

(5) 课程方式的隐喻性、阐释性。

(6) 课程评价的多元性、动态性与模糊性，评价不再是教师的“一家之言”，不再是高高在上的“标准”，而是共同体的平等对话，强调共同体通过建设性的批评（对话）帮助个体，强调相互间的理解与帮助。

多尔构建了后现代课程的标准，即丰富性，强调课程的深度、意义的层次和多种可能性或解释；循环性，旨在发展组织、组合、探索、启发性地运用某物的能力，其框架是开放的，强调反思的作用；联系性，包括教育联系和文化联系，两者互为补充，认为“不必教太多的学科”，而是“完全地教”所教的一切，以便让主要的观点“发生尽可能多的组合”；严密性，其作用在于避免已经改变了的课程滑入“可能控制的相对主义以及情感上的唯我主义的怪圈”。

（五）人文主义课程观

西方人文主义课程观的产生演变具有深刻的历史原因。它经历了萌芽、勃兴、演化、复兴四个阶段，在课程目的观、内容观、方法观、形态观等方面逐步形成了博大精深的体系；当代西方人文主义课程观在哲学基础、对人的关注程度、课程研制模式、人文与科学的关系问题上得到了进一步的提升。

西方人文主义课程观是以西方人文主义哲学思想为基础、以凸显课程中人的地位为基本立足点所形成的对课程的基本看法。它的发展，经历了古希腊时期的萌芽、文艺复兴时期的勃兴、17世纪以后的演化以及当代的复兴四个阶段；在目的观、内容观、方法观上，它始终以人性的充分发展为根本的价值取向，因而使课程在本质上成为涵育人性的一种途径。[1]

后人文主义不再孤立地强调以人为中心，使人们重新认识了人在世界与现实中的地位。取而代之的是这样一个发现，即人类仅仅是一些更大系统的一个部分。这就扬弃与超越了传统人文主义的极端个人主义与自由主义，是从更高层次上对人性的重新审视。

对“人”的价值的这一重新定位，使当代人文主义课程观在课程目的方面产生了前所未有的改变。它认为，课程学习的目的是为了实现人性的充分发展，这种充分发展包含两个层面的“和谐”：一是人作为个体存在的身心的和谐发展；一是人作为人口、资源、环境、经济和社会复合生态系统的一部分，在人本身发展的同时必须考虑资源和环境的承载力、经济的发展以及社会的进步，必须把善恶、正义、平等、责任、义务等传统的人际关系道德观念扩展到人与自然的关系上，以实现人与复合生态系统其他部分的和谐发展。

1.在课程内容上，当代人文主义课程观体现了对科学主义的包容，认为课程是一种发展的过程，而不只是特定的知识体系的载体；课程的内容不是固定不变的，而是在探索新知的过程中不断充实和完善、最后形成一体化的内容。

---

[1] 林正范、杨燕燕．西方人文主义课程观的演变历程[J]．杭州师范学院学报．2002（03）：3．

2.在课程实施上它认为，课程是师生共同参与探求知识的过程；教师不再作为知识权威的代言人全面控制课程的组织与开展，而更多地以指导者、协调者的身份出现；学生不再是知识的被动接受者，而成为课程发展的积极参与者。学生个体的探索和体验受到重视；强调从积累知识走向发现和创造知识，承认和尊重意见及价值观的多元性，试图在各种观点、观念相互冲撞、融合的过程中寻求一致或理解。

3.在课程形态上，不再囿于学科界限，而强调向跨学科和综合化的方向发展。

由此可见，后现代人文主义课程观视课程为动态发展的过程，试图以此建立一种新的课程体系。这一体系以开放性、灵活性、多元性和综合性为特点，注重学生个体的感知和体验在课程发展中的作用，强调课程与现实生活的联系，鼓励学生的独立探索和创造。

（六）改造主义课程观

改造主义是从进步主义教育营垒中逐步分化出来的一个教育思想流派，它主要探讨教育如何发挥改造社会的作用问题，于20世纪30年代和50年代两度兴盛。和同时期的进步主义、永恒主义、要素主义等流派相比较，改造主义的影响要小得多，不能算一个重要的流派。改造主义的教育主张所提出各门学科之间要有有机的联系，学校课程应包括各种社会问题，设立“核心课程”或“问题课程”，课程内容的学习采用“问题解决法”等课程观，对我国当前的课程改革，特别是中小学课程改革，具有启发意义。[1]

课程是实现未来社会变化的运载工具，改造主义是从课程改革出发的。主

[1]　马素萍、孙宏恩．论改造主义的课程观对我国课程改革的启示[J].渭南师范学院学报.2001(06).

要是更新教学内容，编制适合青少年身心特点和社会需要的课程，改善中学和大学、学校和家庭之间的关系，从而达到改善社会的目的。

改造主义的课程观有：

1.改造主义认为各门学科之间要有有机的联系，即实现课程的综合化。布拉梅尔德认为，“当时流行的课程，就其结构来说，是一种过时了的‘鸡蛋筐’式的课程，是‘一个不相连贯的教材的大杂烩’。课程划分为各门独立的学科，而每门学科往往又分割成若干不相连贯的单元，对于一般学生来说，各门学科的教材之间只有很少或毫无意义的联系”。他认为，各门学科应是相互连贯的，并有着共同协作的关系，从而使得课程结构具有有意义的统一性。

2.改造主义认为学校的课程应该包括各种社会问题。他们认为：“进步主义主张的以儿童的需要和兴趣为基础的课程，旨在给儿童以创造性的自我表现和生长的机会，这种课程已经不能适应改造社会的需要。”也即这种课程无力解决社会问题。改造主义者认为教育是社会现象，其生命力在于对现代科学、技术、经济、政治家庭和宗教等方面具体问题的处理。新的学校课程应该从目前社会的问题和特征中直接产生，人们今后应关心的主要社会问题有全球性人口过剩、无计划的城市化、不受控制的技术增长、民族主义、生态公害以及世界贸易和文化的互相依赖等，学校应帮助人们认识这些问题。

3.各门学科的内容统一于“社会改造”，学习应围绕解决社会改造的当代社会问题来进行，即“核心课程”或“问题课程”。布拉梅尔德认为，课时安排应统一于解决问题的活动。他把自己设计的课程称为“轮状课程”。每个学年的课程相当于一个车轮，围绕“社会改造”这个中心而附带学习的内容相当于车轮的

辐条，它们之间存在着相互依存和相互支撑的关系。

4.在学习这些课程内容时，“问题解决法”是一种基本方法，教师应使用适合于学生年龄和环境的解决问题的方法。布拉梅尔德强调：“讲课大部分将代之以合作的调查研究，代之以利用电视和其他电化教具，代之以常有的旅行和工作经验。”并且学生应尽可能多地参与到社会中去，因为社会是学生寻求解决问题方法的实验室。在改造主义看来，传统课堂教学固然有其价值，但重要的是要使学生将其所学运用于社会，此外学生也可以从社会中学到很多东西。

（七）建构主义心理学课程观

20世纪80年代，西方兴起了建构主义心理学。建构主义是心理学发展史中从行为主义发展到认知主义后的进一步发展，建构主义理论认为知识不是外部输入到人的心灵的，而是在人与外界相互作用的过程中从人的心灵内部建立起来的，其次，知识并不是对现实的准确的、客观的反映，它只是一种解释或假设，会随着人类认识的加深而不断变迁或更新，而非问题的最终答案。另外，知识的构建并不是任意的建构，人们在建构知识的过程中要受当时社会文化因素的影响，并需要与他人进行合作协商，不断调整和修正自己的知识，这样才能全面地了解世界。

建构主义心理学的课程观是以其知识观为指导思想的。

1.教育的目标是要培养学生的创新、合作意识及解决问题的能力

建构主义者强调学生学习的主动建构性、社会性和情境性。所谓主动建构性是指学习的目的是要实现知识和意义的建构，学生不是被动地接受知识，而是在原有知识经验的基础上主动去探究和创造新知识，所谓社会性是指学生在建构知

识的过程中，需要通过与他人以及周围环境的交流活动来丰富自己的认识，从而构建起自己独有的知识体系，所谓情境性是指学生在教师所创设的具体的问题情境中去建构意义、获取知识。

因此学校课程不仅要关注知识体系，更要突出知识获得的过程，使学生在知识获得的过程中学会创新，学会与他人合作，并能够运用知识去解决实际问题。

2.课程内容选择要选择真实性任务

在建构主义者看来，学生的学习是累积的，因为一切新知识的建构都是建立在原有经验背景的基础上的。要使学生积极主动地进行知识建构，课程内容就不能与学生原有的经验脱节，不能远离学生的现实生活情境，而应加强课程内容与学生现实生活的联系，选择真实性的任务，反映现实世界中的真实情境，体验课程内容的实用性、多样性、趣味性和探究性。

3.弱化学科界限

建构主义者重视问题情境的意义，认为对同一内容的学习要多次进行，并且保证每一次学习的问题情境都不同，而且教师要呈现给学生整体性任务，让学生尝试着去解决完整问题，所以建构主义者要求弱化学科界限，主张学科的交叉。

建构主义课程观主要有以下特征：

①以“知识建构”为基本理念的认识观。

②“生成—表现性”的课程目标。

③强调课程内容的意义建构性。

④以创设“学习环境”为主要任务的课程设计。

⑤过程性、情境性、多元性的课程评价。

建构主义课程观强调知识的获得是通过“主动建构”，而不是“被动接受”，强调学习者是知识的主动构建者，是教学过程的中心，揭示了已有知识背景在知识构建过程中的重要作用，强调学习过程的独特性和个别性，强调知识构建的独特性和个别性，这些都与现代课程观的理念有共通之处。

（八）永恒主义课程观

永恒主义教育是一个传统的教育流派，也称新古典主义教育，它产生于20世纪30年代的美国，流行于50年代的英、法等国，之后逐渐衰落，主要代表人物是美国的赫钦斯、艾德勒、英国的利文斯和法国的阿兰等。

永恒主义的课程主张分为以下两点：

1.永恒理性的课程价值主张

人性是永恒的，学校是培养人的理性的社会机构，理性是人性的基础。

2.强调以永恒学科为核心设置课程

具有理智训练价值的传统的“永恒科学”的价值高于实用学科的价值，永恒学科可分为三类，就理智训练的内容来说，永恒学科有哲学、文学、历史；就理智训练的方法来说，永恒的学科有数学、科学、艺术；就理智训练的工具来说，读、写、算的知识和技能以及古典语言的学习是非常必要的。

永恒主义者追求永恒理性，倡导名著课程，面对新旧文化的冲突，永恒主义者采取了复古主义的态度，以唯心主义哲学做基础，强调永恒的人性，猛烈地抨击了实用主义课程论的弊端，促使人们对实用主义课程论进行反思。

（九）过程课程观

过程课程观是将课程定性定位为一种“过程”的课程观念和理论系统，其中过程是课程的根本样态、存在方式和生成方式，是课程内在的、必然的、质的规定性，具有本体论上的地位、价值和意义。

“创造性和谐”是过程课程观的价值取向，过程课程观绝非是虚幻的构造或空穴来风，而是有着牢固的理论基础和绵延的思想谱系，其中怀特海过程哲学为其提供了科学依据，课程范式的“视域融合”为其提供了教育学支撑。

另外，自近代以来，卢梭浪漫自然主义课程范式展开了对过程课程观的初步探索，经过杜威的努力和开拓，过程课程观得以雏形实现，后现代课程观在整体性意义上完成了对过程课程观的全面确立、彰显和张扬。过程课程观是一种具有建设性意义的新型课程观，因此它要求超越解构主义，重构课程的“元叙事”，超越“技术理性”，倡导“解放理性”，超越“实体—属性”式的课程定性定位和“主词—谓词”式的逻辑学立场，运用动力学式的课程描述方法，超越“简单位置”的课程壁垒，确立课程的有记性组织。

过程课程观的实践诉求表现在要恪守过程性的课程改革逻辑，秉承关系性的课程思维方式，勾勒整合性的课程设计策略，架设创造性的课程实施路径，运用具体性的课程评价模式。

三、新课程改革背景下教师应有的课程观

教育是一种社会制度，是国家意志的集中体现。各国的课程管理制度一般可分为中央集权制和地方分权制两大类。长期以来，我国一直实施高度集中和统一的“中央集权制”课程管理方式，课程相对单调划一，不能适应我国幅员辽阔，各地文化、经济、资源差异显著等情况，也不能充分发挥广大教师的个性智慧和

创新才能。为此，《基础教育课程改革纲要（试行）》指出，改变课程管理过于集中的状况，实行国家、地方、学校三级课程管理，增强课程对地方、学校及学生的适应性。

国家课程集中体现着国家的意志，是为培养未来的国家公民的共同素质而设计的课程，是国家基础教育课程的主体，也是衡量一个国家基础教育质量的重要标志。

地方课程是在国家课程规定的各学段的课程方案内，由省（自治区、直辖市）级教育行政部门依据当地的政治、经济、文化、民族等发展需要而开发的，并在国家规定的课时范围内实施的课程，与国家课程具有平等的地位。加上校本课程后，约占总课时的16%～20%。地方课程能充分利用地方的文化、人才、物质等资源，具有浓郁的地方特色，丰富多彩。可以让学生根据自己的兴趣和需要自主选修，更直接地了解当地的历史、文化、社会和民族等情况，使学生更加热爱自己的家乡。

校本课程是以学校为基地进行开发的课程，它的开发主体是教师，特别是由同一学校或不同学校教师组成的开发小组。

在传统教学中，课程与教学彼此分离。教师的任务是教学，只是按照教科书、教学参考资料去教。国家推行三级课程管理之后，削减了国家统一的课程内容，鼓励各地学校和教师积极开发具有特色的地方课程和校本课程，使课程内容更加贴近学生的生活，更加多元化、多样化。也就是说，教师必须在课程改革中发挥主体性作用。教师不但是课程的实施者，同时也应该成为课程的研究者、建设者和开发者，从而实现“课程与教学一体化”。

在新课程改革的背景下，笔者认为改变教师的课程观主要从以下几点出发：

（一）改变对课程含义的认识

在教育领域中，课程的含义最复杂、人们的认识存在最多歧义的概念之一。但要研究课程理论、理解课程实践，必须对课程概念的含义有基本认识。

在我国，“课程”一词最早出现于唐朝。唐朝孔颖达在《五经正义》里为《诗经·小雅·巧言》中“奕奕寝庙，君子作之”一句注疏：“维护课程，必君子监之，乃依法制。”据考这是“课程”一词在汉语文献中的最早显露。《诗经》里的“奕奕寝庙，君子作之”，直解为“好大的殿堂，由君子主持建成”，这里“奕奕”形容“宏伟”状；“寝庙”指殿堂、庙宇，喻伟大的事业；“君子”乃指有德者，全句的喻义为“伟大的事业，乃有德者维持”。孔颖达用“课程”一词指“寝庙”及其喻义“伟业”，既指“伟业”，其含义必然十分广泛，远远超出了学校教育的范围。宋朝朱熹在《朱子全书·论学》中频频提及“课程”，如“宽着期限，紧着课程”、“小立课程，大作功夫”等。朱熹的“课程”主要指功课及其进程，这与今天日常语言中“课程”的意义已极为相近。

新课程改革下，不应再将课程界定为学科或目标、计划，课程不仅是学科、目标或计划，更应是学习者的经验、体验或复杂对话，派纳写道：“以前你可能以为课程是学区办公室要求你教的，或者州教育部在范围与序列指导书中发布的，如果你尚未执教的话，课程是你要读的一系列的书籍．现在你知道课程尽管包括这些文字的与制度的意义，但绝不局限于此。现在你知道课程是一个高度符号性的概念。它是老一代人选择性地告诉年轻一代的内容。”如此理解，课程具有强烈的历史性、政治性、种族性、性别性、现象性、自传性、美学性、神学性与国际性。课程成为一代人努力界定自我与世界的场所。

学校课程的宗旨不在于促使我们成为学术科目的专家，也不在于培养能在测验中取得高分的学生。而在于促使学生关切自己与他人，帮助学生在公共领域成为致力于建设民主社会的公民，在私人领域成为对他人负责的个体，运用智力、敏感、勇气思考与行动。

教师应认识到当今世界关于课程含义的转变，在传授知识、教导学生时，不仅仅是课本的课程，更应是将学生练习到社会中、历史中的过程，广义的课程内涵将更有利于学生的发展，有利于学生对社会、集体做出贡献。

（二）课程的主体是学生

传统教育中，长久以来以传授知识为课程的第一要务，知识作为课程的主体，占据了很大的地位，课程存在的理由是为了传播知识。但尽管课程的三要素是知识、社会和人，课程的核心应是人，即学生，学生是课程的主体，课程中知识的传播是为学生服务的，只有学生的需要、个性得到尊重，他们才能获得认知的、情感的、社会的、身体的及美学等各方面的全面发展，只有学生的主体性得到弘扬，学生的创造性才能被挖掘出来，有更大的发展空间。教师在课程进行过程中，不能仅仅将知识灌输给学生，还要发挥学生对课程的建构、评价等作用，真正做到促进学生的全面发展。

案例6-1　万万不简单地等于亿

教师在执教“宇宙里有些什么”。

教师：宇宙里有几千万万颗星星。

学生甲：老师，“万万”等于多少？

众同学（哄笑）：“万万”不等于“亿”吗？

（学生甲红着脸默默坐下）

教师：既然万万等于亿，但这里为什么不说宇宙里有几千亿颗星星，而却说宇宙里有几千万万颗星星呢？（学生们哑口无言）

学生乙：不用“亿”用“万万”，有两个好处，第一，用“万万”听起来响亮，“亿”却听不清楚；第二，“万万”听起来比“亿”多。

教师：你实际上发现了汉语修辞中的一个规律——字的重叠可产生两个效果，一是听得清楚，二是强调数量多。（同学们用钦佩的眼光看着那个学生）

教师：大家可以想一想，我们今天学到了这个新的知识，是谁给予我们的呢？（这时大家才将目光集中到第一个学生身上）

教师掌握了学生在课堂上转瞬即逝的节外生枝的情境，将普通的课堂教学转化为一次极好的人格教育，保护、赞赏并激励了学生的自主探究精神，使得学生在课堂学习中有了主体意识，同时传授了有关“叠词”效果的语文学科基本知识。

（三）建立社会中心的课程观

学习应围绕解决社会改造的当代社会问题来进行，课程的进行也应与社会相联系。

《纲要》提出，改变课程内容“难、繁、偏、旧”和过于注重书本知识的现状，加强课程内容与学生生活以及现代社会和科技发展的联系，关注学生的学习经验。

传统教育的一个重要的特征是注重科学世界的同时，将学习与社会生活脱离。科学世界主要体现为教育过程中的书本知识。在传统教育中，学生的学习基本上被圈定在教科书和一些教学辅导书的书本知识上。学生对所学习书本知识了解和掌握得越多，就会获得良好的“成绩”，就会得到教师的表扬、尊敬和家长的肯定。反之，就会遭到教师的批评、处罚和家长的否定。在学生的生长家园中，生活世界被严重地剥离，科学世界成了学生的唯一生长家园。于是，人与人、社会和自然之间就出现了空前的危机，教育过程的丰富性已被冷冰冰的知识传授和理智训练所代替，人的主体性受到排挤和摧残。

教育历史的逻辑已经证明，科学世界和生活世界应始终交织在一起，冷落任何一方的教育行为，都将是异化的教育行为，都会对人才的培养和社会的发展带来消极的影响。那么，科学世界或书本世界如何和生活世界交织？

新课程改革背景下，为了使学生接受新的社会理想，教学方法就不能是强制的，教师要积极改变自己的课程观，给学生更多的自主权，让学生自己去感受、经历书本知识和社会生活的联系，获得教育性的经验。只有这样学生的科学世界与社会才能更好地融合、交织在一起，才会更好地形成学生健全的人格以及个人与社会需要的知识与技能、过程与方法、态度情感和价值观。

在生物课的教学过程中，学生在学习三大营养物质之后，教师可以布置学生将自己日常食用的食物进行归类，让学生收集有关食物营养成分的资料，为他们自己或家人制订合理的膳食计划，如果家里有肥胖者，在平时的饮食中要注意哪些问题，如果家里有糖尿病的病人，他的饮食又要注意哪些，家里有脂肪肝的人，其饮食又要注意哪些问题。在这个过程中，可以提高学生分析生活中的生物现象的能力以及解答生活中遇到的生物方面的疑问的能力，使得学生不再单纯地学习知识而与日常生活没有联系。

（四）丰富课程教学内容

我国应试教育存在时间很长，这导致我国的中小学教育只有文化课程的设置，缺少必要的职业技能训练以及训练课程，主修课程语文、数学、外语等之外，缺少选修课程，重视数理课程，导致人文课程的比重较低，这些现象都是重视书本知识、忽视技能和实践的表现，这样的情况束缚了学生综合素质的培养，不利于学生的动手和实践能力，也不利于学生特长的培养，忽视了社会的需求。

新课程改革下，学校、教师应适当增设一些富有时代特色的综合性学科，这类课程应具有与现实社会生产力发展关系密切、贴近学生实际生活、基础性较强、内容是综合应用基础学科知识等特点。同时也开设部分活动课程，培养学生的动手能力，而且综合课程的开设不能随着学生年级的增长而减少，不同学段设立相应的综合课程，保证必修课程与选修课程同步进行。

案例6–2　让学生真的感受到弹力

安排学生进行捏瓶子演示微小形变的实验。实验目的主要是：第一，学生能够自制实验仪器演示微小形变；第二，培养动手能力以及创新意识和探索精神。

实验原理为瓶子在外力作用下体积会发生改变，实验器材有较大的玻璃瓶一个、橡皮塞一个（与瓶口大小相同）、透明毛细管一个（20厘米—30厘米的细管）、清水、红墨水等。

制作及演示过程是：

(1)瓶子装满水，滴入几滴红墨水。

(2)将毛细管插入橡皮塞中，不留空隙。

(3)将橡皮塞紧紧塞住瓶口，由于毛细现象，毛细管中显示一段红色液体，液面高出橡皮塞。

(4)稍微用力捏瓶壁或瓶底，观察液面的升降情况。

这一案例是在《弹力》一节课后的“做一做”实验。由于学生对玻璃瓶用手捏产生的形变看不出来，他们会产生尝试的好奇心和强烈的动手欲望，从而就促使他们主动动手参与实验。由于选材简单，学生从制作到演示基本上都能完成，多数同学都得到了实际锻炼机会。

（五）教师是课程的制定者

教师工作在教育的第一线，他们最了解学生的学习需求，而长期以来教师只是作为课程知识的传播者，并不参与课程的制定过程，这极大地压制了广大教师的创造性，使课程的设置等方面与实际课程教学脱轨，这种情况十分不利于学生的发展。

新课程改革下，教师应参与到课程的制定过程中，根据实际教学中得到的关于学生兴趣、爱好等方面的经验，制定课程方案，设置课程内容，这样做不仅使得课程跟上社会、学生的需要，更使教师有了参与课程改革的自觉性，加快教学改革的发展。

一位老师在教授《四季》一课中的“草芽尖尖，他对小鸟说：‘我是春天’”时的教学片段：

师：除了草芽说“我是春天”外，还有哪些事物也可以说“我是春天”呢？

生1：桃花说“我是春天”。

生2：柳芽说“我是春天”。

这时有个学生说：“白云说：‘我是春天。’”

师：这样说可以吗？

生3：不可以，因为白云是一年四季都有的。

师：你说的真好，白云不是春天独有的特征。

这时又有一个同学站起来说：“小朋友说：‘我是春天！’”

这时马上就有一个学生反对说：“不行，小朋友也是一年四季都有的，不是春天独有的特征。”

师：“对！”

教师在日常授课中，不再仅仅是课程知识的传播者，他们可根据课堂实际中收集的信息，进行课堂教学内容的设计。

第七章　新课程改革背景下教师的教学观

一、教师的教学观

（一）何谓教学

要理解教师的教学观，需要首先了解教学这一活动的含义。

何谓教学，教学是学校的中心工作，是育人的基本实践活动，是教师的教和学生的学所组成的一种人类特有的人才培养活动。一指教育，二指教师把知识、技能传授给学生的过程。

教学是一种行为，即相当于老师的“教”，是教学实践中教师这一方的行为。“教学”也看成是一个联合词组，是教师的“教”和学生的“学”两方面组成的活动，并且两者不可分割。通过这种活动，教师有目的、有计划、有组织地引导学生积极自觉地学习和加速掌握文化科学的基础知识和基本技能，促进学生素质的全面提高，使他们成为社会所需要的人。

教学的最终结果在于调动学生的积极性，主动获取知识，学会如何去学。教师从学生的角度出发，不仅教会学生知识，更重要的是要教会学生获取知识的方法。

（二）何谓教师的教学观

教师的教学观是指教师在教学实践经验中逐步形成的对教学本质和过程的基

本看法。教师确定了自己的教学观，就会在头脑中形成固定的思维模式，教师的教学观会影响到教师在教学过程中对具体事物和现象的看法、教学中的决策以及实际表现，进而影响到学生的学习。

有学者研究认为，教学观主要有以下五种，即传递信息的教学观、传递知识结构的教学观、师生相互作用的教学观、帮助学生理解的教学观、促进学生的概念转变的教学观，这五种教学观按照对学生和教师在教学过程中的角色和地位的认识差异，从强调教师为中心过渡到强调学生为中心，前两种教学观的共同点是强调教师和教学内容，属于以教为中心的教学取向，后两种教学观的共同点强调学的主体地位，属于以学为中心的教学取向，第三种教学观在两种取向之间。

传统教学观基本上认为教学就是教育者（教师）在特定教学场所和一定教学目标的引导下，运用灌输方式向受教育者（学生）传授人类已有文化知识、经验的单向活动过程。传统教学观的核心是“仓库理论”，它以教师为中心，把学校当成单纯传授知识的场所，把书本当作主要教学内容，把学生当成被动的接受知识的工具，把分数看成是评估学校教育、教师教学和学生成绩的唯一标准，片面地强调了教师的教，却忽视了学生的学在教学过程中的重要作用，形成了以教师为本位的教学关系，表现为以教为中心，学围绕教开展，教师在课堂中占据主要位置，片面强调教师将知识传授给学生，教学关系成为教师讲解、学生听从的关系；以教为基础，先教后学，学生知识的获取依赖于教师的讲授。

这样的片面认识，导致学生的学跟随在教师的教后，本末倒置的教学关系，使得教师的教达不到预期目标，学生的学成为被动学习，获取知识消极，妨碍了学生自我能力的培养。

现代教学观更为关注的是学生心智与身体的全面发展，而不仅仅是知识与经验的传授。新课程强调，教学是教与学的交往、互动，师生双方相互交流、相互沟通、相互启发、相互补充，在这个过程中教师与学生分享彼此的思考、经验和知识，交流彼此的情感、体验与观念，丰富教学内容，求得新的发现，从而达成共识、共享、共进，实现教学相长和共同发展。

因此新课改下教师的教学观，必须克服传统教学观中存在的弊病，探讨如何完成教师思想观念的转变、教师教学活动中的角色转变、教师自我意识的转变，如何促进学生的全面和谐发展，如何从以教育者为中心转向以学习者为中心，如何实现教学过程中的师生互动等问题。

二、主要教学观介绍

（一）孔子的教学观

孔子的教师观立足于对礼知识的精确把握。孔子重视对知识来龙去脉的把握，注重对知识的追根溯源。他向学生讲礼，不局限于对现有礼的知识的传授，而注重考察礼的由来，礼的变化与发展。他到杞国考察夏礼，到宋考察殷礼，来了解礼的演变。他说："夏礼吾能言之，杞不足征也；殷礼，吾能言之，宋不足征也。文献不足故也。足，则吾能征之矣。"正是这种对知识来龙去脉的考究，才使得他能够知晓三千年后的礼。子张问："十世可知也？"子曰："殷因于夏礼，所损益可知也；周因于殷礼，所损益可知也。其或继周者，虽百世可知也。"意思是，如果知道殷对于夏礼的取舍，知道周对于殷礼的取舍，就会知道哪些礼是不会变的，哪些礼会做出改变，并且会知道改变的方向。

孔子的教学观主要有以下四个关系[1]：

1. “学”与“思”的关系

“学”是古有的知识材料，“思”是思考分析问题，“学”与“思”是互相对立、相互区别，也相互统一。孔子曰：“吾尝终日不食，终夜不寝，以思，无益，不如学也。”不建立在“学”的基础上的“思”，只能是一无所获。因此孔子很注意“学”的功夫，即“好古敏以求之”，“人太庙，每事问”，问经典、向别人学得间接经验，又“多闻”、“多见”、“多能鄙事”，于亲身实践中学得直接经验。“好仁不好学，其蔽也庸；好知不好学，其蔽也荡；好信不好学，其蔽也贼；好直不好学，其蔽也绞；好勇不好学，其蔽也乱；好刚不好学，其蔽也狂。”

“思”是“学”的深化。孔子在重视“学”的同时，又极力推崇“思”，提倡独立思考，切问而近思，“多闻阙疑”，他还认为，君子在思的问题上有突出表现，“君子有九思，视思明，听思聪，色思温，貌思恭，言思忠，书思敬，疑思问，忿思难，见得思义”。

2.主观因素和外部客观条件的关系

通过长期的实践教学，孔子认识到，在知识的习得和素质的形成过程中，个人的主观因素是主要的。他具体分析了学习中的个人主观因素的表现。他认为，人首先应立志，树立远大的理想，明确学习的目的性，“三军可夺帅也，匹夫不可夺志也”。孔子经常以自己“十有五而志于学”的亲身经历去影响学生，勉励学生立志。其次，孔子还主张好学。再次，好学需要辅以恒心。“善人我不得而见之矣，得见有恒者，斯可矣。”“学而不厌，诲人不倦。”最后孔子认为虚心也是很重要

[1] 余华、黄镇根．论孔子教学观的四个关系[J]. 求索，2004（08）.

的。“吾有知乎哉，无知也。”“文，吾犹人也，躬行君子，则为之有得。”

注重主观因素的同时，孔子也看到，外部客观环境对学习者的影响也是很大的，《里仁》中记载：“德不孤，必有邻。”一个人的品德才能的发展是和周围的环境分不开的，而在一切环境中，所接触的人又是最重要的因素。因此孔子认为择友要牢牢掌握“友直、友谅、友多闻”的标准，主张“里仁为美”，以避开不良风气的影响。

对于学生，教师就是其成长的外部条件之一，所以孔子极其重视言传身教，主张教师应当用自己的实际行动和伟大人格去感化学生，时时处处起到模范作用。“其身正，不令而行，其身不正，虽令不从”，“不能正其身，其正人何”，从学问道德到生活习惯，都用行动给学生做出榜样。

3.民主平等的师生关系

教学是师生之间的双方互动活动，如果教师过分严肃，教训学生，或师道尊严，固守“言不称师谓之畔，教不称师谓之倍，倍畔之人明君不内，朝士大夫遇诸涂不与言”的信条，学生敬畏教师，顾虑重重，那么教学活动就无法顺利进行。孔子很重视师生关系的培养，有“非吾徒也，小子鸣鼓而攻之可也”、“野哉，由也”、“小人哉，樊须也”等的严厉批评和谴责，也有对学生的关心爱护，“伯牛有疾”，“颜渊死，子哭之恸”，孔子没有可怕的架势，他在学生心中的形象是“温而厉，威而不猛，恭而安”。教学民主是进行教学活动和取得成效的重要条件。

4.启发与度的关系

孔子特别强调把握时机，进行启发式教育，实际上“启发”一词就来自《论语》。他说："不愤不启，不悱不发，举一隅，不以三隅反，则不复也。"只有对求知欲强却百思不得其解的人加以点拨，对竭力想要表达自己的看法却无从表达的人加以引导，才能收到最好的效果。孔子的这一论点是非常高明的，他要求学生积极地思考问题，善于推论，闻一知二，举一反三。这种启发式的教学方法，在今天新课改的过程中仍有十分重要的现实意义。我们知道科学在飞速发展，很多知识都会迅速被淘汰而变得一文不值。因此，知识本身的获得已经不是最重要的了，重要的是如何去获得知识，如何在知识的获取过程中开发学生的各种潜能。所以说，现代教学不仅是教给学生知识，更应该教会学生学知识。教师"举一隅"是教给学生知识，学生能"以三隅反"才算教会学生学知识。要想教会学生学知识，使学生真正把知识学活，就得在举一反三上下功夫，从而收到以一当十、触类旁通的效果。

（二）基于维果茨基理论的教学观

维果茨基（Lev Vygotsky，1896–1934），前苏联心理学家，"文化–历史"理论的创始人。1917年毕业于莫斯科大学法律系和沙尼亚夫斯基大学历史哲学系。1924年到莫斯科心理研究所工作。维果茨基对人的高级心理机能进行了研究，并在1925年发表了《意识是行为主义心理学的问题》，明确提出研究意识问题对科学心理学的重大意义。

维果茨基理论认为，个体的发展，包括高级心理功能是与其所处的社会文化情境密切相关的，针对学习者进行的教学活动要与学习者的最近发展水平相匹配，教学活动必须以一定的工具或符号手段为中介进行[1]。

[1] 朱燕丽．基于维果茨基理论的教学观 [J]．考试周刊，2009（25）．

1.教学是交往的过程

维果茨基曾指出，教学与发展的相互关系问题乃是教育学、教育心理学的核心问题之一。

维果茨基认为，个体认知的发展深受社会环境的影响。认知的发展既不是一成不变地依赖于外部世界的作用（像当代信息加工理论所使用的产生式、命题网络等概念所反映的那样），也不是完全的内部心理世界自主活动的结果（像皮亚杰关于认知发展论的阶段性观点所认为的那样）。个体认知的发展反映的是人与环境相互作用的矛盾统一的结果。“任何一种高级心理机能在儿童的发展中都是两次登台的，第一次是作为集体的活动、社会的活动，亦即作为心理间的机能而登台的。第二次才是作为个人活动、作为儿童思维的内部方式，作为内部心理机能而登台的。”这种观点被称为“高级心理机能的社会起源说”。依据这种观点，维果茨基认为，高级心理功能（如认知思维）的发生发展在个体和社会两个层面上都会出现，而且这些高级心理功能在这两个层面会彼此发生作用，实现复杂的转换（当然，具体的高级心理功能往往根植于特定的历史、文化和社会制度等背景之中）。也就是说，个体的认知是在与周围的环境、周围的人进行交往合作的过程中获得发展的，教学过程论其实质是教师与学习者、学习者与学习者、学习者与环境之间积极互动、共同发展的过程。在这个过程中，情境（教师、同伴和物质环境）为学习者提供了充分的观察、参与实践活动的机会，通过与情境的交互活动，学习者获得了一些解决问题的知识技能。

同时，情境与学习者的交互活动需要凭借一定的工具与途径。“没有那种中介的表达，那么心灵之间便无法沟通，这对于科学心理学来说是明白无疑的真理。”维果茨基从社会文化——历史发展的基本原理出发明确地指出了教学的本质是交往。没有交往，真正的教学就不会发生。这为基础教育课程改革中师生关系的定位以及教学活动方式的转变提供了结实的心理学依据。

2.学习是探究的活动

最近发展区是维果茨基理论中一个关键的概念。其具体含义是指“实际的发展水平与潜在的发展水平之间的差距。前者由独立解决问题的能力而定；后者则是指在成人的指导下或是与更有能力的同伴合作时，能够解决问题的能力”。维果茨基认为：“我们应当至少确定儿童的两种发展水平，不了解这两种水平，我们便不能在每一个具体的场合找到儿童发展进程及其与教学的可能性之间的正确关系。”通过最近发展区的概念，维果茨基表达了对传统的“教学充当发展的尾巴，发展总是走在教学的前面”的发展与教学关系的不满。

传统教学使用智力测验和标准学业评量来体现其科学性。心理学家通过标准化问题给出某个儿童测验后的分数，将其与年龄常模比较，确定该儿童的发展水平，然后施以与其所测水平相符的教学。维果茨基认为：“根据这种方法，能够测量的只是儿童发展中完成部分，而不是整体。”智力测验与标准学业评量的分数只能看到一个结果，却无从探知在测验解题过程中的儿童心理变化与认知水平。这种只评价不分析的方法与教学促进儿童发展的目的是相违背的。

基于此，维果茨基认为，良好的教学应该走在教学的前面，在刚刚超过学习者已有心理理解水平之上，从而形成最近发展区。符合最近发展区的教学给个体提供了适量的与原有经验不相一致的刺激。这种刺激使个体在没有外部奖励的情况下调动内部动机，运用高级心理工具通过自主探究和合作交往进行概念重组，

达到认知的平衡，促进认知的发展。教学活动就是要创造最近发展区。在最近发展区内，教师要放手让学习者自己进行探究学习。

维果茨基使用“最近发展区”的概念，要求学习者运用先前的知识技能在新的情境下解决问题完成任务，从而促进其发展。学习者的学习就是在教学创造的最近发展区中进行探究的活动。这一点对于在基础教育课程改革中学习主体的定位具有积极的意义。

3.自主学习是教学的目的

皮亚杰[1]认为儿童认知的发展（或思维的发展）有其独特的自然历程，与语言的发展没有太大关系，语言本身不足以产生认知的成长。相反，维果茨基特别强调语言发展与认知发展的关系。因为在高级心理功能从社会心理向个体心理内化的过程中，最重要的中介工具就是语言。高级心理功能内化的过程表现为语言从社会性语言到自我中心语言到内部言语的转化。在这个过程中，一旦个体将语言完全内化，掌握了这种中介工具，学习者就可以使用这些符号计划、引导、监控自己的意识与行为。“除了成为一种表述手段和一种解决紧张的手段以外，它在特定意义上很快成为一种思维工具——在寻求和规则问题解决方面的一种思维工具。”“我们的实践结果表明，自我中心言语的功能和内部言语的功能相似：它并不仅仅伴随着儿童的活动，它还为心理定向、有意识的理解服务；它帮助克服困难，它是为个人自身的言语，与儿童的思维紧密的和有益的联结着。”

[1] 让·皮亚杰（Jean Piaget，1896 年 8 月 9 日 – 1980 年 9 月 16 日），瑞士人，是近代最有名的儿童心理学家。他的认知发展理论成为了这个学科的典范。皮亚杰早年接受生物学的训练，但他在大学读书时就已经开始对心理学有兴趣，曾涉猎心理学早期发展的各个学派，如病理心理学、弗洛伊德和荣格的精神分析学说。从 1929 年到 1975 年，皮亚杰在日内瓦大学担任心理学教授。皮亚杰对心理学最重要的贡献，是他把弗洛伊德的那种随意、缺乏系统性的临床观察，变得更为科学化和系统化，使日后临床心理学有了长足的发展。

（三）建构主义教学观

建构主义认为，学习不是简单的信息积累，而是新旧知识经验的冲突以及由此引发的学习者认知结构的重组；学习不是由教师把知识简单地传递给学生，而是由学生自己建构知识的过程；学习不是简单的信息输入、存储和提取，而是新旧知识经验之间的双向的相互作用过程；学习不是被动地接受刺激，而是主动地构建意义，根据自己的经验背景，对外部信息进行主动的选择、加工和处理，从而获得自己的意义，建构自己的理解；情境对意义建构具有重要作用。

建构主义认为，教学不是传授知识，而是给学生提供有关方法，让学生自我“建构”知识。教学应当从学生已有的知识、态度和兴趣出发，精心设计便于学生建构知识积累经验的教学情境。在教学活动中，教师并不处于中心地位，教师的任务是设计教学过程和主导教学活动，组织、指导、帮助和促进学生的学习，发挥学生的主动性、积极性和创造性，从而使学生有效地进行学习，达到最优的学习效果。

建构主义的教学观与现代教育理论所强调的“以学生为主体”的观念是相符合的。其核心思想可以概括为：以学生为中心，强调学生对知识的主动探索、主动发现和对所学知识意义的主动建构。

为了更好地揭示建构教学的本质，建构主义思想家们提出了教学过程必须要具备的四个基本要素。

1.教学情境。建构主义指出，教学环境中的情境必须有利于学生对所学内容的意义建构，教学设计不仅要考虑教学目标分析、教学内容安排，而且要重视有利于学生建构意义的情境的创设、问题的设计，并把情境创设看成是教学设计的

最重要内容之一，以此建构起能灵活迁移应用的知识经验。

2.协作共享。协作发生在教学过程的始终，这是建构主义的核心概念之一。建构主义者认为社会性相互作用在教学中具有重要作用。这种以协作为主要形式的社会性互动可以为知识建构创设一个广泛的教学群体，学生们在教师的组织和引导下一起讨论和交流，共同建立起教学群体。在这种群体中，个体之间相互的协作对教学资料的收集与分析、假设的提出与验证、教学成果的评价直至意义的最终建构都有重要作用，通过这样的协作教学环境，教学群体中每一个成员的思维与智慧就可以被整个群体所共享，共同完成对所学知识的意义建构。

3.对话交流。对话交流是协作过程中不可缺少的基本环节，是达到意义建构的重要手段之一。建构主义强调教师要放权给教学小组，而且“这种教学小组要足够小，以便让所有的人都能参与到明确的集体任务中”，教学小组成员之间必须通过对话商讨如何完成规定教学任务的计划，规划完成规定的复杂任务的思路。此外，协作共享的过程本身也是对话的过程，在这个过程中，每个成员的想法、解决问题的思路都明确化和外显化了，他们的思维成果为整个教学小组所共享。

4.意义建构。这是整个教学过程的最终目标。意义建构是指学习者通过以上几个阶段的教学有效地把握了事物的性质、规律以及事物之间的内在联系，完成新知识的有效迁移，并能对新知识达到较深刻的理解，建立起关于当前所学内容的认知结构，形成自己理解客观事物的独特视角。

综上所述，教学的质量是学习者建构意义能力的函数，而不是学习者重现教师思维过程能力的函数。所以，建构主义认为，获得知识的多少不在于学习者记忆和背诵教师讲授内容的能力，而主要取决于学习者根据自身经验去建构有关知识的意义的能力。

在此基础上，建构主义以自己的教学理论为指导，力图建立一套能与建构主义教学理论以及建构主义教学环境相适应的全新的教学设计理论与方法体系，目前已开发出的、比较成熟的教学方法主要有以下几种：

1.支架式教学

根据欧共体“远距离教育与训练项目”的有关文件，支架式教学被定义为：支架式教学应当为学习者建构对知识的理解提供一种概念框架。这种框架中的概念是为发展学习者对问题的进一步理解所需要的，为此，事先要把复杂的教学任务加以分解，以便于把学习者的理解逐步引向深入。在这里，支架被形象地用来表述一种教学形式：教师通过“教”来搭建一个必要的脚手架，支持儿童不断地建构自己，不断地掌握、内化所学的知识；儿童通过教师的积极“辅助”，将教学任务逐渐转移给自己，不断掌握从事更复杂认知活动的技能。建构主义者强调，支架教学中的“支架”只有根据学生的最近发展区来建立，并通过支架作用，才能不停地将学生的智力从一个水平引导到另一个更高的水平。

支架式教学由以下几个环节组成：

(1) 搭脚手架

这是教学的开始环节，教师依据学生原有的知识经验，围绕当前的教学主题，设置一定的问题情境，并按最近发展区的要求提供给学生能够获取知识的工具。

(2) 进入情境

先由教师为学生提供明确的教学目标，然后通过教师的演示、启发、引导或

揭示解决问题的原型等方式，逐步吸引学生进入一定的问题情境，并着手让学生自行去探索解决问题的方案。

（3）独立探索

教师帮助学生沿概念框架逐步攀升，让学生自己独立寻找解决问题的方法与策略。探索内容包括：确定与给定概念有关的各种属性，并将各种属性按其重要性大小顺序排列。

（4）协作教学

在整个教学过程中，建构主义高度重视小组协商、讨论的重要性。建构主义认为在共同组建的学习小群体中，学习成员共同面对教学问题，批判地考查各种理论、观点、信仰和假说，进行协商和辩论，能使原来多种意见相互矛盾、态度纷呈的复杂局面逐渐变得明朗、一致起来，最终完成对所学知识的意义建构。

（5）效果评价

这是一个完整教学的阶段性总结环节，主要由教师对个人自身的教学活动进行客观的自我评价，另外也要完成学习小组对学习者个人的学习评价。评价内容包括：自主教学能力，对小组协作教学所作出的贡献，是否完成对所学知识的意义建构。

2.抛锚式教学

建构主义认为，教学总是与一定的社会文化背景即情境相联系的，他们批评传统教学使教学“去情境化”的做法，认为在传统的课堂讲授中，由于不能提供实际情境所具有的生动性、丰富性，因而将使学习者对知识的意义建构发生困难。他们在实际教学中提倡情境教学，认为在实际建立的有感染力的真实事件或真实问题的基础上的教学，可以使学习者利用自己原有认知结构中的有关经验去同化当前的新知识，使新知识像轮船被锚固定一样牢固地吸收到自己的知识结构中，从而赋予新知识以某种意义。

建构主义认为，学习者要想完成对所学知识的意义建构，即达到对该知识所反映事物的性质、规律以及该事物与其他事物之间联系的深刻理解，最好的办法是让学习者到现实世界的真实环境中去感受、去体验，而不是仅仅聆听别人关于这种经验的介绍和讲解。抛锚式教学也被称为实例式教学、基于问题的教学、情境性教学。

抛锚式教学由以下几个环节组成：

（1）创设情境

教学环境是一个支持和促进教学的场所，教学创设的环境应该是学习者可以在其中进行自由探索和自主教学的场所。

（2）确定问题

这一环节的作用就是“抛锚”。在这一阶段要完成的主要任务是在上一环节创设的环境中，让学生利用各种工具和信息资源选择出与当前教学主题密切相关的真实性事件或问题作为教学的中心内容。

（3）自主教学

教学应当被促进和支持而不应受到严格的控制与支配，在教学过程中由教师向学生提供解决问题的有关线索后，应该放手让学生根据自身行动的反馈信息来形成对客观事物的认识和解决实际问题的方案。

（4）协作教学

建构主义坚持并发展了维果茨基的观点，认为高级心理过程的发展需要经

过社会协商和社会作用，教学的主要目的是发展学生形成并捍卫自己的观点的能力，同时又能尊重其他人的观点，并与他人共同协商与合作，共同构建意义。因而，他们认为学生不仅能得到教师的帮助与支持，而且学生之间也可以相互协作和支持。

（5）效果评价

建构主义认为抛锚式教学的教学过程就是解决问题的过程，因此对这种教学效果的评价不需要进行独立于教学过程的专门测验，只需在教学过程中随时记录学生的表现即可。

3.随机进入教学

斯皮罗（Spiro）等人认为，为了有效地掌握复杂概念或全面了解高级知识之间的相互联系，换一个角度看问题往往有助于学生对同一问题获得不同的表征形式。因此，对同一内容的教学，有必要在不同的时间段，重新安排不同的情境，分别着眼于问题的不同侧面，用不同的方式加以呈现，以帮助学习者对所学知识获得新的理解。而且他们为了避免教师简单抽象地陈述概念的一般运用，主张要运用不同的变式并与一定的情境结合起来，多角度、多方式地体现同一原理的不同运用形式，这就是所谓的随机进入教学。显然，多种方式表征教学内容的结果，绝不仅仅是对同一知识内容的简单重复和巩固，而是更加有利于学习者形成背景性经验，形成对概念的多角度理解，让学习者牢固地掌握所学的内容。

随机进入教学主要包括以下几个环节：

（1）呈现情境

首先创设与教学主题相关的、尽可能真实的情境。

(2) 随机进入

教师进一步创设能从不同侧面、不同角度表现上述主题的多种情境，以便供学生在自主探索过程中随意进入其中任一种情境，教师引导学生在改组的情境中运用适当的方式去解决问题，帮助学生形成背景性经验。

(3) 思维训练

思维训练贯彻在整个随机进入教学的全过程，教师无论是从哪一个角度切入教学的核心内容，都要注意培养学生自己运用心智解决问题的能力和信心，培养他们思维的自我促进。

(4) 协作教学

协作教学对于促进学习者达到对当前所学知识深刻而全面的理解是一个不可缺少的重要环节。教师要鼓励学生自由地表达自己的观点，并对某些有争议的问题要合理地创设情境，让学生展开讨论，让每个学生的观点在和其他学生以及教师一起建立的社会协商环境中受到考查、评论，同时每个学生也对别人的观点、看法进行思考并作出反应，让学生获得较深刻的见识，做出较为积极的行动。

(5) 效果评价

包括主观评价和客观评价两个方面，要求对自己和他人的自主教学能力、对小组协作教学所作出的贡献、是否完成对所学知识的意义建构等作出一个公正、客观的评价。

(三) 人本主义的教学观

人本主义教学观主要包括以下四个方面：

1.关注学生素质的综合发展

马斯洛指出，教育的本质是发展人的潜能，尤其是那种成为一个真正人的潜

能；教育要在满足人最基本的需要的基础上，强调自我实现需要的发展。人本主义强调教学的核心目标就是挖掘学生的潜能，促进每一个人内在潜能的发展，教学既不是要教会学生学会知识、技能，也不是要教学生学会怎样学习，而是要为学生提供一种促使他们自己去学习的情境。另外，人本主义认为，任何健康的人都是一个完整的统一体，意识、认知、情感和运动彼此较少分离，更多的是互相协作，他们主张培养“完整的学生”，追求“人的能力的全域发展”，实现受教育者在身体、精神、情感、理智等方面的有机统一。这与我国素质教育所强调的教育要促使学生德、智、体、美、劳的和谐发展思想是完全一致的。

2.重视学生个体的情感体验

人本主义者认为行为主义心理学及认知主义教学论的最大不足就在于把人的情感体验完全排除在人的学习活动之外，人为地把完整的人分割为行为、认知等方面，把人当作“冷血的动物”，罗杰斯称其为现代教育的悲剧。所以，他们在批判行为主义与认知心理学的基础上提出教学不仅要重视学习者的认识发展，而且更要注意培养学生人性化学习的能力。在具体的教学实践中，教师不仅要教会学习者独立思考的能力，公开、坦诚、相互信任地接触每一个学生，认真地听取学生的意见，恰当体验学生情绪情感的变化，同时还应把充满丰富情感体验的活动引进课堂，使学习者在具体生动的感悟中促使自身成为具有独立人格的有机体。

3.实现课程组织形态的统合发展

“统合”意味着打破固定的教材界限，强调知识的广度而非深度，关心知识的内容而非形式。人本主义教育提出课程的“统合”观：一是学习者心理发展与教材结构逻辑的吻合；二是情感领域与认知领域的整合；三是相关学科在经验指导下的综合。在课程的设置上，人本主义教育极为重视人文科学。在他们看来，历史、文学、哲学、艺术等人文科学比自然科学更能深刻地揭示人的本性，通过人文科学的学习，人们对自己的认识也就更加全面、深刻、真实。这种课程的组织形式弥补了传统课程的不足，促进了知识与经验的相互渗透和相互作用。

4.实施非指导性的教学组织

非指导性教学的理论假设是："每个人都有健康发展的自然倾向，有积极处理多方面生活的可能性，充满真诚、信任和理解的人际关系会促成健康发展潜能的实现。"人本主义心理学家认为，有效的教育教学必须以融洽的师生关系为前提，非指导性教学就是学生通过自我反省活动及情感体验，在融洽的心理气氛中，自由地表现自我、认识自我，最后达到改变自我、实现自我的终极追求。因而，教师在教学中需要有真诚的感情，表现出对学生的信任、理解、关心，无条件地关注学生的身心健康、尊重学生的情感、欣赏赞扬学生的优点等，从而促进学生自发、愉快、积极地学习。

（四）认知心理学的教学观

认知心理学研究者批评传统的教学在行为主义理论的影响下只重视教师的教学和学生的分数的弊端，认为行为主义是在研究"空洞的有机体"，在此基础上提出"学习的基础是学习者内部心理结构的形成和改组，教学就是促进学习者内部心理结构的形成和改组"。在具体的实践中，认知心理学研究者一再强调要加强对学生的认知加工过程和学生头脑中的认知结构的研究。

1.有意义生成的教学内容

认知心理学的教学观强调，在教学中掌握概括性更高的概念和原理比记住大

量具体繁杂的事实更为经济、省力且便于应用。因而，在教学实践中，教师一方面要遵循“逐渐分化”的原则，帮助学生建立一个由高至低的认知结构，先教那些概括性和包容性高的知识，再安排那些概括程度依次降低的知识，便能帮助学生轻松地将新知识纳入到自己原有的知识体系中去，使内容有效地得以缩减；另一方面，教师要引导学生去发现不同知识之间的潜在的共同特征和貌似相同的知识内容之间的不明显的区别，使学生抓住本质，从而牢固地把握新学的内容，也为后继教学打下坚实的基础，形成一个良性的循环。

2.理智发展的教学目标

认知心理学的教学观认为，教学目标主要是指通过刺激（教学操纵）和反应（结果操作）的联结在学习者头脑中要求实现的变化，这里的教学目标往往是由教学完成之后学生会做什么、会想什么来加以界定的。认知心理学认为在确定教学目标前必须作需要评估，任何教学目标的设置必须参照社会需要和学生个人的发展要求。为此，美国教育心理学家布鲁纳[1]强调教育不仅要培养成绩优异的学生，而且还要在学生原有的经验基础上帮助他们获得最好的理智的发展。正是这样，布鲁纳提出了适合于现代教学的五条基本教学目标：“鼓励学生发现自己猜想的价值和可修正性，以实现试图得出假设的激活效应；培养运用心智解决问题能力的信心；培养学生的自我促进；培养学生‘经济地运用心智’；培养理智的诚实。”

3.主动参与的认知加工过程

认知心理学的教学观认为，教学过程至少涉及以下五个因素：教学操纵，指

[1] 杰罗姆·布鲁纳（Jerome Seymour Bruner，1915— ），美国教育心理学家和教育家，当代认知心理学派和结构主义教育思想的代表人物之一。其研究和思想，受到拉什利、詹姆斯、杜威、格式塔心理学派、各种社会人类学家和当代认知心理学家皮亚杰等的思想影响，主要从事人的知觉、学习、思维、记忆等一系列研究。

一切外部事件，包括教学材料的内容和组织、教师的行为（教了什么和怎么教）等。学习者特征，指学习者的已有知识（包括完成学习任务所必须具备的陈述性知识、程序性知识和策略性知识）和学习者记忆系统的性质（包括记忆的容量和知识在大脑中的存储方式）。学习加工过程，指学习者在学习时大脑的认知加工过程，如学习者如何将新知识与头脑中的有关已有知识联系起来，结合成一个整体等。学习结果，主要指学习者头脑中的知识储存或记忆系统的认知变化。结果操作，指学习者的外部表现，如测验时的回忆成绩，或者将所学知识迁移到新的学习任务上去解决新问题等。不管是哪个过程，认知心理学都认为学习者的认知过程就是对信息加工的过程。

认知心理学认为关于教学的研究与实践，不管针对的是上述五个因素中的哪一个，都要探讨教师不同的教学方法是如何来影响学生的认知加工过程，进而影响学习结果的。据此，认知心理学家始终提倡要把学生视为涌动活力的生命体，是蕴藏着巨大的潜能并有主观能动性的个体，教学只有用发展的眼光看待他们，并积极关注他们自身内在的知识建构，这样的教学才算是有意义的。

4.积极建构的认知结构

布鲁纳认为，任何学科知识都是一种结构性存在，知识结构本身具有理智发展的效力，有意义的学习就是把新知识和原有知识联系起来，将新知识纳入到学习者原有的认知结构之中。

他认为，富有意义的新思想是通过把它归类到一个已经存在着的认知结构中去才被学会的。学习知识的基本结构有四点好处：第一，能理解这门课程；第二，有助于学生把所学的知识在不同的学科间迁移；第三，有助于学生记忆一些

有具体细节的知识；第四，有效缩小高级知识与低级知识之间的差距。因此，教师在讲课时要遵循动机原则、结构原则、程序原则和强化原则来传授知识，在这个过程中不仅要把课本上的知识结构讲清楚，而且，更重要的是要把书本上的结构严谨的知识转化成与学生头脑中的知识结构相适应的、便于学生接受的知识，同时，还要注意到每个学生头脑中的知识结构并不一致，讲课要照顾到各个学生之间的差异，因材施教。

三、新课程改革背景下教师应有的教学观

教师是教学活动的引导者，是课堂教学的发起者，教师的教学观将在教学活动中有至关重要的导向作用，传统教学中教师固有的教学模式很明显已经不适合新课改下的教学，因此教师改变其教学观念对新课改的顺利实施有着十分重要的意义，因此我们必须详细了解新课改下教师应有的教学观。

本章第二部分介绍了几位重要的思想家和不同的教育思想流派的教学观，从中我们可以发现，虽然各个思想流派的教育观不尽相同，但是在很多问题的认识上却是一致的，例如对教学本质的认识、对学习方式的认识、对教学过程中教师和学生的关系的认识、教学目标的认识等问题上都有共通之处，这里我们将在前两部分的基础上，结合新课改的要求，总结新课程改革下教师应具备的教学观。

（一）对教学本质的重新认识

孔子的教学观认为教学是师生之间的双方互动活动；基于维果茨基理论的教学观认为教学是交往的过程；建构主义教学观认为协作发生在教学过程的始终；认知心理学的教学观认为教学过程至少涉及以下五个因素：教学操纵、教师的行为、学习者特征、学习者记忆系统的性质和学习加工过程。

由此可以看出，这些教学观都将教学看作是教与学相互联系、相互影响的过程，传统的严格意义上的教师教和学生学，将不断让位于师生互教互学，彼此将形成一个真正的“学习共同体”。在这个共同体当中，学生的教师和教师的学生不复存在，代之而起的是新的术语——教师式学生和学生式教师，教师不再仅仅去教，而是通过对话被教，学生在被教的同时，同时也在教。他们共同对整个成长负责。教学活动不再是传统上的以教为主，学围绕教开展，而是学生和教师共同进行的过程，在这些理论中，学成为教学过程中至关重要的一部分。

华东师大施良方教授指出，从关注教师的行为的角度来说，“教学（教）就是教师引起、维持与促进学生学习的所有行为”。现代的课堂教学，不是单纯的知识传递过程，而是组织学生主动学习、实现学生的某些内在的发展与变化的过程。

新课程改革下，教师应改变传统教学中固有的教学模式，改变教师在学生心中的形象，做到“温而厉，威而不猛，恭而安”，积极调动学生的主动性，主动参与到教学过程中，达到教学相长的目标。

案例7-1　请说出你的理由

在学习了《三袋麦子》后，对于小猪、小牛、小猴的做法，你赞成谁？请说出你的理由。

师：小猪、小牛、小猴分别处理了自己的那袋麦子，他们的做法你最赞成谁的？为什么？如果是你，你会怎么做？

生1：我最赞成小猴的做法。因为小猴聪明、能干，一年时间，原来的一口袋麦子经过它的劳动，增加到堆满了麦囤。如果是我，我也会像小猴这样做的。

师：你真是个聪明能干的孩子！

生2：我不同意他的观点。小猴把一口袋麦子全种下了地，自己一点都没有吃到，太苦自己了。我赞成小猪的做法，小猪肯动脑筋。你瞧，它把麦子磨成面粉，做成各种各样的食品，它就可以吃上最喜爱的白面馒头和烙饼啦。它是很快乐的！如果是我，我也会像小猪那样先吃个痛快，反正那已经是属于我自己的麦子了。

师：你是一个率真、可爱、快乐的小猪！

生3：我反对他的说法。小猪只顾眼前，不考虑以后，把麦子吃光了，以后挨饿怎么办？所以我最赞成小牛的做法。因为小牛肯为将来打算，它等把家里的事物吃完，再慢慢吃这好东西，而且它很细心，为了防霉防蛀，经常搬麦子透风、晒太阳。

师：从你的话中我也发现为将来打算的重要性。

生4：我明白了"富由勤俭败由奢"的道理，我认为小牛既勤劳又节俭。

师：你能从故事中明白一个深刻的道理，真了不起！

生5：我认为他们说的都不全面，小动物的做法各有利弊。先说小猴吧，它把麦子全种下地，万一那一年遇到旱灾、水灾使麦子颗粒无收怎么办？如果是我，我会用一半的麦子磨成面粉做好吃的食品，再把另一半麦子播种下去，好让来年有大的收获。

师：你既会享受生活，又会谋划将来，长大一定是一个了不起的理财家。

生6：我的意见和大家不一样。我认为小猪的做法也没什么不好，它把老爷爷送的一口袋麦子吃完以后，再靠自己的劳动去养活自己，为什么不行呢？今年我爸爸到银行贷款买了新房，我们先住了进去，以后再靠劳动挣钱偿还贷款，有什么不可以呢？

师：你的想法真大胆，勇气实在可嘉！来，掌声鼓励。

教师的角色转变为对学生的引导，在完成教学任务的同时，使得学生能够积极发表自己的意见，并且改变了以往老师在学生眼中的形象，二者沟通交流，相互促进，相互学习。

（二）对学习的重新认识

现代学习方式以弘扬人的主体性为宗旨，以促进人的可持续性发展为目的，由许多具体方式构成的多维度、具有不同层次结构的开放系统。认识和把握现代学习方式的本质特征是我们创造性地引导和帮助学生进行主动的、富有个性的学习的重要保证。

本质上学习是获取知识的过程，这里结合以上介绍的教学观进行分析。孔子的教学观注重知识的追根溯源，他向学生讲礼，却不只传授现有礼的知识，而是注重考察礼的由来、礼的变化与发展；基于维果茨基理论的教学观认为学习是探究的活动，学习者通过使用先前的知识技能解决新情境下的问题；建构主义将学习看作是新旧知识经验之间的双向的相互作用过程；认知心理学的教学观认为学习者的认知过程就是对信息加工的过程，如学习者如何将新知识与头脑中的有关已有知识联系起来，结合成一个整体等。

由上述观点，我们可以看出学习不仅仅是传统教学中简单获取知识的过程，更是对旧知识的理解、运用、发展方法的获取过程。学生了解到知识的由来、发展，在头脑中根据自己的经验对知识进行架构、加工，加深了对知识的掌握程

度，在新问题产生时学生也可以根据自己的理解解决问题。如果学生只是一味地学，而没有自己的独立思考，那么学到的知识将很难运用到现实中，就是死知识，这并不是教育想看到的结果。

德国大教育家第斯多惠说过："一个坏的教师奉送真理，一个好的教师则教人发现真理。"新课改后，教师应改变传统教学观中的"填鸭式"的教学模式，认识到在教学过程中教师不仅要传授给学生旧的知识，更要教会学生运用知识、获取知识的方法，对现有问题或将来可能出现的问题进行解答、预期的能力，教师应了解到学习的主体是学生，设计符合学生获取知识、获取学习方法的学习情境，达到"授人以鱼，不如授人以渔"的教学目标。

案例7-2　教师执教"量角"

片段1：认识量角器

⑴师：量线段的长短可以用直尺或三角板，量角的大小用量角器（出示量角器），请同学们从学具盒里找出量角器。

⑵小组合作观察量角器的特点。

⑶全班交流。

生1：量角器是半圆形，两个量角器合成一个圆。

生2：量角器上有两排刻度，有18个大格、36个小格、180个小小格。

生3：量角器0刻度线中间有一点，我想这一点大概就是角的顶点吧。

生4：老师为什么量角器上同一个地方上下两排刻度却不一样?

（师对以上同学们发现的量角器的结构小结，针对学生的问题不着急把答案告诉学生。）

片段2：量角。

(1)师：同学们已经认识了量角器，怎样使用量角器量角呢？请同学们通过小组合作量出三角尺任意一个角的大小，并说说你们是怎样量的。

(2)全班交流量角的方法。

生1：我们小组是把三角尺上的一个角搬到量角器上看它有几格，它正好是6大格，是60度。

生2：我们小组通过讨论一致认为量角时，应该把量角器中心一点和角的顶点重合，角的一条边和0刻度线重合，然后只要看角的另一条边中哪一条刻度，就是几度，刚才我们量的这个角的另一条边在60度，这个角是60度。

生3：我们也是这么量的，但我们认为是120度。

生4：这是一个锐角怎么可能是120度呢？

生5：老师应该是60度才对，因为角的一条边是和量角器左边的0刻度线对齐，应该看下排的刻度。

师：这位同学说的是不是有道理，请同学们以小组为单位讨论。

生6：我们讨论好了，刚才生5说的有道理，看哪一排的刻度，关键看角的一条边和量角器哪一边的0刻度线对齐。

通过这种方式的教学设计，学生利用以前学习的知识，获取新的知识，学习不再是单纯的获取知识过程，更是学会如何学习的过程。

（三）对师生关系的重新认识

师生关系是指教师和学生在教育教学活动中结成的相互关系，即彼此的地位、作用及态度。良好的师生关系是教育教学成功的保证，也是新课程进行素质

教育所追求的目标。新型的师生情感关系是建立在师生个性全面交往基础上的情感关系。它是一种真正的人与人的心灵沟通，是师生相互关爱的结果。它是一种和谐、真诚和温馨的心理氛围，是真善美的统一体。

传统教学观的师生关系中，学生敬畏教师，教师以权威自居，学生对教师的言论不敢存在质疑，更不要说有所思考，只能是被动地接受，学生心有顾虑而不能在教师面前畅所欲言，提出自己的想法，如此循环往复，将极大地压制学生的自主力、创造力。有效的教学必须以融洽的师生关系为前提，非指导性教学就是学生通过自我反省活动及情感体验，在融洽的心理气氛中，自由地表现自我、认识自我，最后达到改变自我、实现自我的终极追求。

新课程强调教学是教与学的交往、互动，师生双方相互交流、相互沟通、相互启发、相互补充，在这个过程中教师与学生分享彼此的思考、经验和知识，交流彼此的情感、体验与观念，丰富教学内容，求得新的发现，从而达成共识、共享、共进，实现教学相长和共同发展。

综上所述教师应重新认识师生之间的关系，了解到教学的民主化已经成为进行教学活动和取得成效的重要条件，教师要在教学中以身作则，为学生做出行为处事的榜样。

案例7–3 课改前后的立定跳远的教学

情景（一）：课改前

老师：今天我们将进行立定跳远学习。下面注意听讲(教师讲解动作要领、示范)，大家按秩序练习，每人跳十次。

学生：有什么好跳的，我小学都会的，跳来跳去没意思。

学生：小声点，老师听到了又要被罚了，跳几次完成任务好了。

学生：我跳不好，你帮我挡着老师，我跳。算了，我还是不跳了，反正从小学到现在我都是零分。

学生：看×××，多笨，就是跳不起来，用力不就行了嘛！还好，老师没有看到，否则又要罚跳了，真幸运！

情景(二)：课改后

老师：今天我们将进行立定跳远练习，重点解决起跳后的腾空问题。我相信大家都会跳，那么今天我们就比一比，谁跳得最合理？谁最有办法跳好它？谁跳得最远？找出原因。

（学生的激情一下子被调动起来，教师走进学生中共同学习本领。学生在教师的引导下，更加积极向上。学生自由结伴、自由组合，有了初步的交流合作意识，对于合作不均教师及时地引导、点拨，鼓励大家关心后进生，同时又要尊重他们的自尊心。）

老师：大家刚刚跳得都不错，记住自己跳的远度。接下来我们利用现有的器材，想一想，怎样才能跳得又高又远？和自己的过去比一比，有什么收获？注意安全！课堂气氛又活跃起来，自由结合的小组互相讨论，各自出谋划策。有的利用橡皮筋，有的利用海绵垫，有的利用同伴的手臂……跳不好的学生也动起来了，因为老师给他一个展示智慧的舞台。

（教师巡回指导，参与到学生中间，给他们一个赞许的目光、一个微笑、一次点头，使学生对自己充满自信，享受进步的快乐。

学生：真开心，我比以前跳得远多了！

学生：虽然我跳得不远，但我想的办法最好，老师都为我翘大拇指呢！

老师：今天大家跳得很好！很多学生想的办法老师都没有想到，老师从你们身上也学到了很多。我希望大家在今后的学习中保持“勤动脑”的好习惯，利用你们的智慧来加速身体素质的提高。

学生：老师，下次什么时间再跳？我还有好的方法。我回去准备一下，下次会更好。

轻松愉快的教学氛围拉近了师生之间的距离，在师生同乐的环境中教师给学生做出了榜样。

（四）对教学目标的重新认识

传统教学在教学目标上的弊病是它的封闭性，将教学目标与外界世界割裂开，传授的知识存在一定的滞后性。新课改要求教师教给学生基础知识以及基本的生存技能，因此教学要以学生的发展为本，要求必须将学生的发展置于社会文化教育的大背景之中，置于新世纪人才标准的需求之中。

新课改下，教学的目标是促进学生的全面和谐发展，不仅要使学生掌握一定的知识技能，而且要发展学生的智力和体力，与此同时还要培养学生正确的世界观，形成健康的个性品质，这也是深化教育改革的目标。教师应了解到教学目标及教学内容体现鲜明的时代感，体现动态的开放性，在其中要尽力构筑开放的教学内容，提供丰富的与学生生活背景有关的素材，重视展示利用教材内容与广阔信息资源间的开放性联系，并将之贯穿课程内外，以此构建起能灵活迁移应用的知识经验。

案例7–4　三维立体目标

新课改下历史教学目标的设计，在“君主专制政体的演进与强化”一课中，

教学目标在知识与能力方面：1.了解中国古代君主专制与帝王权力逐步强化；2.了解中国古代王朝设置监察机构，知道这种监察体制的实际效能是有限的；3.掌握古代选官制度的演进经历了“世官制”、“察举制”、“科举制”三个阶段；4.培养利用历史资料分析、处理的能力，通过讨论与思考，初步培养用历史眼光和历史意识来理解中国古代政治制度的产生发展和影响；5.掌握从西汉到宋的过程中，中国的政治制度屡经变化，其中中央官制变化的趋势及反映出来的本质问题，从而培养分析问题、解决问题的能力；6.认识君主专制制度对古代中国社会的影响。

在过程与方法方面：明了从西汉到清朝专制主义中央集权政治体制不断加强的过程中，存在着中央与地方、君权与相权的斗争，涉及着中央官制和地方政治制度的演变，在阅读理解的基础上自己制作这一演变和发展的简表。在制作简表的基础上采用讨论法解决一些基本问题。

在情感态度与价值观方面：1.认识我国从西汉到宋朝一千多年，每个朝代都采取了维护中央集权的制度，从而对中国的政治制度的演变有一个清晰的认识，从而认识到我国古代曾经有的政治文明，了解我国先人的政治上之精明。中国古代政治制度中有许多优良的部分是值得我们传承和发扬的。了解现在的政治措施有一个基本基础，增强学习历史的兴趣；2.经济发展不等于国家富强，发展经济的同时也要革新政治。当前国际竞争的实质是以经济和科技实力为基础的综合国力的较量，大政治反作用于经济，在增强经济、科技实力的同时，还要不断深化政治、经济和军事体制的改革，提高政府机构的办事效率，加快国防现代化建设，更大限度地发挥社会主义制度的优越性，增强我国的综合国力。

（五）对教学内容的重新认识

教学内容是学与教相互作用过程中有意传递的主要信息，一般包括课程标准、教材和课程等。新课程改革下，人们对于教学内容有了新的认识，教学内容是指教学过程中师生发生相互交互作用、服务于教育目的达成动态生成的素材及信息。长期以来，人们总是将教材和教学内容联系起来，而在传统教学中，教学内容等同于书本，认为课程标准要求教师教什么，教师就教什么，这种对于教学内容的认识会极大地阻碍教学观念的转变。

教材仅仅是形成教学内容的一个“载体”，作为发挥实际作用的教学内容，其特性不同于课本内容。

新课程改革下的教学内容来自师生对课程内容、教材内容与教学实际的综合加工，教师应强烈认识到，自己不仅仅是教学内容的传播者，更是教学内容的制定者，教师可以按照实际教学情况进行教学内容的选择、设计、制定、安排，积极参与到教学内容的工作中去。

第八章　新课程改革背景下教师应有教育观的树立

教师的教育观念具有重要的作用，因此新课程改革实施中，必须要注意到教师正确教育观念的树立。有学者研究指出，教育观念可分为三个层面，一是存在于理论层面的教育观念，一般是教育理论研究的结果，是学者专家在学术层面对教育的剖析和解读；二是存在于政策文件中的教育观念，一般是国家、地区等政府层面颁布的文件中所反映出的教育观念，这些观念是政治统治阶层所倡导的教育观念，具有鲜明的意识形态特征；三是存在于社会心理层面的教育观念，是指从事教育工作的一线工作者对教育的认识和理解，体现在教育实践中，并切实地影响和指导着教育实践。三个层面的教育观念并非完全不同，但确实在很多情况下都不一致。本书关注教师的教育观念，力求在尊重理论层面、政策文本层面的教育观念的基础上，重点探讨直接影响教育工作者个体的社会心理层面的教育观念。

一、教师教育观念形成的机制

观念是这样一个概念，日常生活中经常使用，但当让你说出它的具体含义时，又一时无法准确全面地概括。从通俗意义上来理解，观念指人们在长期的生活和生产实践当中形成的对事物的总体的综合的认识，属于一套认识体系。它一方面反映了客观事物的不同属性，另一方面又体现出认识主体的主观化理解。而

且人类社会对客观事物属性的认识在各个历史时期不一样，作为认识主体的单个个体对同一事物的认识也会发生变化，因此观念并不是恒定不变的，观念既然在变化，就有一个变化的原理的问题。本书关注的是教师在新课程改革之后，需要持有的教育观念，这里同样有一个观念的变化的问题。即要求教师们针对新课程改革的一系列要求和实际变化，在观念层面进行变化和应对。本章关注的问题就是这种变化和应对如何发生，或者说如何更有效率地发生，即新课程改革后教师应有的教育观念如何形成。

（一）教师教育观念的内涵与构成

人的自由自主活动需要一个坚定的信念在背后做支撑，否则人的行为很难被称为是真正自由自主的。教师的教育活动应该是一种自由自主的活动，因此，这种活动需要一套坚定的信念。本书探讨的教育观念即是这套信念当中的一部分。

本书第一章中对于教师教育观念的内涵和构成已经做了详细的解读。为了本章内容在体系上的完整性，这里稍作转述。

教师的教育观是指教师对整体的教育活动、教育活动与其他社会活动以及教育活动内部各个要素及要素之间各种相互关系的理性认识。本书认为，作为一名教师，其教育观应该包括上述所说的教师对整体教育活动、教育活动与其他社会活动以及教育活动内部各个要素及要素之间的相互关系的认识。因此，本书对教师教育观的阐述课分为两个层次，首先是指向教育活动以及教育活动与其他社会活动相互关系这一层次，我们称之为整体教育观；其次是指向教育活动内部各个要素以及各个要素之间的相互关系这一次层次，我们具体分为教师的学生观、教师观、知识观、课程观以及教学观等方面。按照教育观的初步定义，教师教育观的构成应该分为三个方面。首先是教师对整体教育活动的认识，包括教育的目的、教育的功能、教育的价值取向等；其次是教师对教育活动与其他社会活动的相互关系的认识，包括教育与政治活动的关系、教育与经济活动的关系、教育与文化活动的关系以及教育与社会生产活动之间的关系等；第三个方面是教师对教育活动内部的各个要素以及各个要素之间的相互关系的认识。具体包括教师对教育者的认识、对受教育者的认识、对教育内容的认识、对教学中师生关系的认识等。按照这一分析框架，本书所言教师的教育观具体可包括如下六个部分，即教师的整体教育观、教师的学生观、教师的教师观、教师的知识观、教师的课程观、教师的教学观。

（二）教师教育观念形成的过程

1.观念的形成

按照马克思主义关于人类认识形成的过程的基本原理，观念的形成要经历三个基本的阶段：一是好奇、困惑、尝试、体验的感性经验积累阶段，二是总结、反思的理性认识升华阶段，三是在实践中验证所得出的理性认识阶段。观念的最终确立是在第三个阶段的验证之后，前两个阶段所进行的感性认识和理性认识都是作为认识的一种存在于人的思想体系中，而经历了第三个阶段的验证，被验证有效的认识真正被个体所接纳，有的认识还被固化，这就达到了观念和信仰的层面。

对于个体没有太多机会去尝试的领域中的相关观念，它们的形成机制则稍有不同，因为没有更多的机会去进行相关的感性经验和理性经验的积累活动，他们对这个领域的接触多是通过权威人群的标准化行为实现的，因此他们有关这个领域的观念就被权威人群的标准化行为所禁锢。这部分观念往往在潜移默化中形成，个体经常将其奉为行为和价值评判准则而不能自知。研究教师教育观念的形

成，一定不能忽视这部分观念的影响作用。

因此，我们对于教师教育观念形成的分析可以分成为两个部分：一是个体通过感性经验、理性认识和实践验证所形成的观念；二是个体在环境影响下所形成的潜在观念。尤其是后者，必须进行明晰化，以分析其合理性。

2.教师教育观念的形成

观念的形成需要一个过程。教师个人教育观念的形成同样不是一朝一夕的，也需要经历一个过程。有学者指出，教师教育观念的形成与发展要经历三个阶段。一是职前准备阶段，二是初步形成阶段，三是继续发展阶段。也有学者指出教师个人教育观念的形成是由多个环节组成的螺旋式循环过程。这个螺旋式循环的过程至少包括浅层教育观念的形成、教育实践行为的实施以及个人教育观念的形成三个基本环节，各个环节分别有其独特的结构要素与发生机制，同时又相互联系与相互制约。本书将着重从教师教育观念形成的机制的角度分析教师教育观念形成的过程，希望能对教师个人在确立自己的教育观时给予一定的帮助。

曾有学者将教师个人教育观念形成的过程用一个图表进行了描述。本书将结合这个图表对有关教师个人教育观念形成的过程进行分析。

（1）浅层教育观的形成

教师教育观念形成的第一个阶段是教师浅层教育观念的形成。浅层教育观念是教师初步理解的有关教育的各种认识，这种理解程度更多的是建立在间接经验的层面上，或者有少量的直接经验对有关教育的各种间接经验进行了初步的印证。有了浅层教育观念的老师最突出的行为特征就是问题发生后倾向于在自己的大脑的知识库中，或者在手头掌握的文献库中去寻找相应的解释和指导，按照既有的权威知识来解决问题。应该说浅层教育观的树立确认了教师行为中的一个重要基础，即让教师认识到了一个基本事实，教育活动是有规律的，教师们要想顺利地完成自己的教学任务，得到期望的教育效果，那就必须遵循教育规律。

浅层教育观念一般主要来自于社会上广泛倡导的教育理论、教师在职前教育阶段所学到的各种以间接经验的方式呈现的教育知识，当然还有一部分是教师教育活动初步尝试之后的直接体验。也有学者认为，教师在自己的受教育经历中所遇到的各种难忘教育事件包括印象深刻的教师都会对他本人将来从事教育职业产生重要影响，当然，这种影响也存在于教师的教育观层面，尤其表现在浅层教育观层面，甚至更多的是隐藏于教师自己无法理解、无法自知的一种潜在教育观里。

图8-1引用了易凌云、庞丽娟等学者的观点，认为在教师浅层教育观形成的过程受到社会多大力倡导的教育理论、教师直接的教育经验、他人间接的教育经验以及个人已有的教育观念等四个方面的影响。教师通过学习、体悟、观察、反思四种方式逐步形成了教师浅层教育观念。

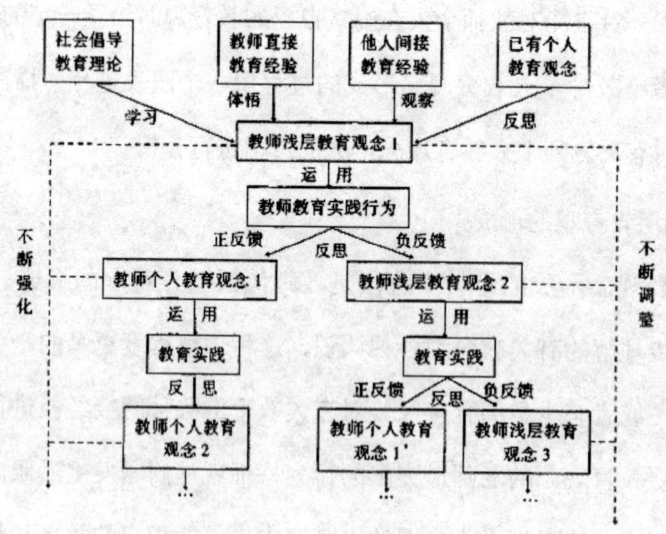

图8-1　教师个人教育观念形成过程图[1]

[1]　易凌云、庞丽娟．论教师个人教育观念的形成机制 [J]. 教育理论与实践，2006（09）：42.

（2）教师教育行为实施

教师的教育实践是对浅层教育观念的实际运用，是教师个人教育观念形成的关键环节。其作用体现两方面：一是将前面初步形成的浅层教育进行熟练运用，强化这种对教育的理解和认识；二是通过实践来验证浅层教育观中的各种认识。教师的浅层教育观念，只是教师在头脑中对教育实践和教育行为的一种预设和想象，还不具有实践意义上的具体内容。教师的教育实践就是将其设想中的各种行为付诸实施，在实施的过程中根据实际情况不断修正设想中的各种认识与做法，通过对实践结果的分析来检验浅层教育观念的可行性和有效性，并且通过对实践过程与结果的反思不断完善浅层教育观念。[1]教师教育行为实施实际是马克思主义哲学认识论中的第二阶段的反映，这个阶段中的实施是在带着假设的前提下的实施，行为发生的目的不仅是事件本身是否达到了预期效果，更大的意义在于验证事件这么设计是否是符合认识逻辑。因此，与其说这个阶段的教育行为实施是为了教育别人，不如说这个阶段的教育行为实施是在进行教师的自我教育。

这种自我教育的目的就在于形塑教师个人的教育观。易凌云、庞丽娟等学者认为，这个环节上，学校领导的支持已有浅层教育观在具体教育情境中运用的可行性，教师自身的能力和努力程度以及及时而适时的专家指导都是影响这种自我教育能否取得良好效果的重要因素。

（3）教师个人教育观念的形成

在进行了教育行为实施之后，教师个人会对前两个阶段的教育理解进行梳理。将第一阶段的浅层教育观念中的认识和真正的教育实践中的感受以及实践效

[1]　易凌云、庞丽娟．论教师个人教育观念的形成机制[J]．教育理论与实践，2006（09）：44．

果进行对比。通过多次的反复对比，那些有深刻体验并经过验证有效和经过验证被证伪的认识都在教师的教育观念中获得了强化。在浅层教育观念基础上，教师个人逐步形成了深层的教育观念。其实这些教育观念只是相对深层的教育观念。教师们会以这些相对深层的教育观念为基础开始一个新的循环，他们带着由这些观念确立的假设而进行新的实践尝试，实践后则再次对这些观念影响下的认识与理解进行审视调整。经过多次的反复之后，那些多次被证实和证伪的有关教育活动的理解以及认识就形成了教师根深蒂固的教育观念。

易凌云、庞丽娟等学者认为在这个环节上教师需要主动地对教育实践与之前的浅层教育观念进行对比和反思，而且要求教师具备一定的教育理论提升的意识和能力，最后教师们还应该意识到，自己需要在工作中不断地更新和完善自己的教育观念，有一种主动地完善自己的教育观念的意识。

（三）教师教育观念形成的影响因素

教师教育观念的形成是一个复杂的过程，这一过程受到多种因素的影响。教师了解影响自己教育观念形成的因素可以帮助教师们更主动地去形成科学合理的教育观念。教师教育观念形成的影响因素众多，如果从影响因素的来源看，可分为外在影响因素和教师个人内在影响因素两个方面。

1.影响教师教育观念形成的外在因素

前文指出，教育观念可分为三个层面：一是存在于理论层面的教育观念，一般是教育理论研究的结果，是学者专家在学术层面对教育的剖析和解读；二是存在于政策文件中的教育观念，一般是国家、地区等政府层面颁布的文件中所反映出的教育观念，这些观念是政治统治阶层所倡导的教育观念，具有鲜明的意识形

态特征；三是存在于社会心理层面的教育观念，是指从事教育工作的一线工作者对教育的认识和理解，体现在教育实践中，并切实地影响和指导着教育实践。其实这些观念并不能完全区分开，当我们主要关注社会心理层面的教育观念时会发现，教育理论层面的教育观念和国家政策文件层面的教育观念是作为重要的外在影响因素影响教师个人教育观念形成的。

（1）国家教育政策导向

任何一个国家的政府都不会对教育置之不理，尤其是国民基础教育。政府通过教育实现利于其政治统治的各种目标是教育活动与社会活动相互关系的一条基本规律。因此，国家的教育政策导向深刻地影响着教育实践活动，也影响着教师教育观念的形成。

在我国，教师一直是作为事关国家发展和民族强大的重要工作人员来对待的。从早期的师范学校免费、师范生工作包分配到近期的免费师范生、特岗教师等政策，这都体现了一种国家政策对教师工作的影响。这种影响在最宏观的层面上影响了教师的教育观念，即教师的教育工作属于国家工作的一部分，不仅仅是教师个人的事情。

不同性质的政府、同一政府的不同时期也会有不同的国家教育政策导向。例如资本主义性质的政府，在国家教育政策导向上往往提倡培养具有民主、自由精神的公民，这些导向反映在全国的中小学课堂和教学中。我国是社会主义国家，建国以来我们一直提倡教育要培养德智体等全面发展的社会主义事业的建设者和接班人。这些基本的国家政策导向都影响着在这个国家工作的教师的教育观念的形成。在国家政治统治受到影响时，国家的教育政策导向也会发生变化。例如抗日战争时期，国家的教育政策就偏向了抗击日本侵略者和保护民族存亡的主题上。学校里的氛围、课堂的教学内容、教师的教育导向和情感期望都在关切这一主题，这个时候教师的教育观念就受到了政府所关注的国家危机的影响。

2010年7月《国家中长期教育改革和发展规划纲要(2010-2020年)》发布，这个文件是对我国教育发展影响深远、意义重大的一个重要教育文件。改革开放以来，我们国家总共召开了4次全国教育工作会议，每次全国教育工作会议前后都会发布一个对中国教育发展产生重要影响的国家教育政策文件。例如改革开放后第一次全国教育工作会议在1985年5月召开，主要党和国家领导都出席会议并做重要讲话，重点研究了教育体制的问题，颁布了《中共中央关于教育体制改革的决定》。第二次全国教育工作会议在1994年召开，同样是主要党和国家领导人都出席并讲话，这次会议重点研究了如何落实1993年颁布的《中国教育改革和发展纲要》。1999年6月召开了第三次全国教育工作会议，主要党和国家领导都出席会议并做重要讲话，颁布《中共中央、国务院关于深化教育改革全面推进素质教育的决定》，自此，素质教育成为中国教育发展的核心话题。第四次就是2010年7月召开的全国教育工作会议。这次会议提出了今后10年我国教育发展的整体规划，并提出了“优先发展，育人为本，改革创新，促进公平，提高质量”的20字工作方针。这个文件在全社会所形成的一种教育政策导向，必将深刻地影响教师们教育观念的形成。

(2) 社会主流教育理论

教师的教育观念说到底是建立在有关教育的专业知识和理论之上的观念。因此教师的教育理论学习是影响教师教育观念形成的重要因素。当前社会中的教育

理论和思想流派纷呈，教师在教育工作中经常接触到各种教育思想和理论，例如我们比较熟悉的存在主义的教育思想、人本主义的教育思想、建构主义的教育思想，还有后现代主义的教育思想等。这些教育思想和理论流派都在不同程度上影响了教师教育观念的形成。因为按照目前中国的教师教育体制，我们的教师在职前培养阶段都接受过系统的师范教育，师范教育过程中有很大一块内容就是教育理论的学习，这部分内容中就会系统地介绍各种主流的教育思想和理论。多数教师的浅层教育观念即起源于介绍这些教育思想和理论的课堂学习之中。

社会主流教育理论除了在教师职前培养的课堂教学阶段被系统讲解外，在国家教育政策制定、教育改革等方面也产生重要影响。在社会中影响较大的教育思想和理论的研究者经常被作为教育专家对国家的教育政策进行规划设计，政府部门制定各种教育政策和教育改革方案时也会邀请学术界的知名学者参与进来进行咨询和讨论。美国历史上的多次教育改革都有受到社会中较有影响的教育思想和理论的影响。例如美国在教育改革中受杜威实用主义教育理论的影响进行了大范围的教育改革，受到布鲁纳结构主义教育思想的影响又进行了大规模的教育改革，在美国的新要素主义教育思想兴起时，要素主义的教育主张同样进入了教育改革的方案之中。

社会主流教育思想和理论还是教师们工作中进行进修学习的主要内容。当前世界各国的教师都进入了一种工作与进修交叉进行的工作状态。在职教师的教育培训工作越来越受到重视。我国在教师培训的问题上也投入了大量的人力物力，自20世纪90年代末以来，基本上实现了每5年进行一次教师的全员培训。现在又启动了教师国家级培训计划。每年各地都进行大规模的“国培”、“省培”项目的教师培训。在这些培训中，涌现了一批优秀的教师培训课程，这其中较多的课程都是来自社会主流的教育思想和理论。应该说这些教育思想和理论通过大范围的培训再次冲击了教师们的教育实践活动，很多教育主张被教师接受，成为他们教育观念的一部分。

2.影响教师教育观念形成的内在因素

(1) 教师个人的主观动机

教师个人是否愿意树立一种科学合理的教育观念是教师教育观念形成的前提性因素。按照马克思主义哲学的基本原理，事物变化有内因和外因，外因通过内因起作用。教师个人追求树立一种科学合理的教育观念的主观动机就是教师教育观念形成的最基础的内因。那些不主动关注教育观念的合理与否、不在乎教育行为背后的教育观念的影响的教师形成科学合理的教育观念的过程比较复杂，周期也会比较长，甚至可能根本无法形成。

(2) 教师对教育事业的情感投入

教育事业是饱富情感的事业，教师职业要求其从业人员比别的职业投入更多的情感。从事教师职业的人一定要对教师职业投入大量的情感，否则不能成为一名优秀的教师。我们的日常的教师评价经常忽略情感投入这个判断教师是否优秀的标准，这中间的原因很多，尤其是情感投入无法进行测量。但这并不是说情感投入就不是评判教师是否优秀的重要标准了。电影《一个都不能少》里面的女主角作为一名教师，我们都能看到，她的知识技能显然距离优秀教师有太大的距离了，但是看完电影我们都觉得她是一个好老师，那么这个好是源自于哪里呢？源自于她对她的教育工作投入的丰富情感。因此，我们说教师的教育工作中知识传

递固然重要，但是通过情感投入对学生形成激励、感动进而激发他们发挥自己的主观能动性也非常重要。这一点在我们的新课程改革中受到充分的重视，因为新课程强调发挥学生的主观能动性，而调动主观能动性的最有效办法即是教师情感的投入。作为一名教师，如果您没有向学生、向课堂投入大量丰富情感的意愿，那么要想成为一名优秀的教师是非常困难的。

（3）教师所处的专业发展层次

教师的专业发展是一个过程，按照专业发展程度这个过程可以分为几个层次。处于不同的专业发展层次也会影响教师教育观的形成。美国俄亥俄州立大学以伯顿（Burden）为首的一批学者对处在不同生涯发展阶段的教师进行了大样本、严密有序的访谈，提出教师生涯循环发展理论，他们把教师专业发展划分为“生存阶段（survival stage）、调整阶段（adjustment stage）和成熟阶段（mature stage）三个阶段。[1]关注生存的阶段还没有真正进入教师角色，更多的时间和精力都放在对工作的适应、对工作收入多少和能否应付自己的生活需求等方面。调整阶段则是开始关注工作本身，开始研究教学业务，希望自己的教学业务能力能够有显著的提高，并不断地尝试各种新的方法，把教学手段方法调整到自己满意的程度。到了成熟阶段的教师，应该说基本形成了自己关于教育工作的理解，除了关注教学业务能力的提高外，开始关注教育工作的意义，经常会以学生接受完教育之后是否发生预期变化作为评判自己工作成败的标准。一般而言，处在生存阶段的教师教育观念形成的主观意识较弱，教育观念形成缓慢。处在调整阶段的教师教育观念开始逐步形成，突出的特征是观念不断地调整更新，经过

[1]　罗晓杰．国内外教师专业发展阶段研究述评[J]．教育科学研究，2006（07）：53.

各种尝试验证和巩固自己的教育观念，而且形成的教育观念集中在教学业务能力的提升方面。到了成熟阶段，教师的教育观念就比较稳固了，教育观念涉及的内容也从教学业务扩充为学生的全面发展。了解教师所处的专业发展层次，能够更有针对性地树立科学合理的教育观念。

（4）教师的教育理论水平和教学反思能力

教育观念形成需要一定的知识基础和教师不断的个人反思。因此，教师的教育理论水平和教学反思能力也是影响教师教育观念形成的重要因素。教师的教育理论水平来自三个方面的积累：一是职前的师范教育中所学习的教育理论；二是入职后的各种教育理论培训；三是工作中自己学习的一些教育理论。教师的教育理论水平决定了他对各种教育理论的理解程度和评判的客观性，只有具备扎实的理论基础才能更好地形成科学合理的教育观念。

教育观念形成的过程离不开教师的反思。尤其是在观念形成的第二阶段，教师需要对第一阶段积累的各种感性认识和当前的实践结果进行对比，把对比之后产生的困惑、疑问以及通过对比所确认的被证实或者证伪的观点等结果进行汇总反思。经过系统的反思，教师对于教育的认识和感悟就能提升一个水平，从而前进到观念形成的第三个阶段。但是有的教师反思意识和反思能力都比较强，能够进行很好的总结提升，有的老师反思意思淡薄，反思能力弱，这就影响了他们教育观念的形成。

二、新课程改革背景下教师教育观树立的基本途径

新课程改革后，教师的教育观念也需要随着课程改革的实施及时进行更新。教育管理部门、学校以及教师本人都在关注教育观念的问题。教育观念更新实际

主要涉及两个问题，一个是内容的问题，即搞清楚是什么。原来的观念是什么，更新之后是什么样的。第二个问题是方法手段的问题，即搞清楚怎么办，怎能让新的观念形成，旧的观念退出。很多老师都能解决好第一个问题，很多的培训也侧重于第一个问题，但是仅搞清楚教师的教育观应该是什么样，而不关注这些教育观的如何形成，新课程所要求的教师的教育观念是无法树立的。下面我们将重点讨论教师教育观树立的基本途径问题。目前教育实践中比较常见的教师教育观念形成的途径有三条：一是教师继续教育，对在职教师进行培训；二是教学反思，教师个人对自己的教育实践活动进行反思总结形成新的观念；三是建立教学研究共同体，即学校层面组织的旨在提高教学质量的小团体，通过团体成员的讨论交流形成新的教育观念，并通过团体扩大这些观念的影响，促进团体成员对这些观念的接受。

（一）教师教育

教师教育观念的形成可以通过对教师实施教育实现。教师参加各种旨在形成教育观念的培训，进而形成先进的教育观念，这是目前新课程改革后，帮助教师更新教育观念的最主要途径。

从教师培训到教师教育，改革开放以来我们国家的教师继续教育事业已经走过了三十多年的发展历程，这三十多年又可分为三个主要的阶段，即全面恢复教师培训工作时期（1977–1985），教师补偿教育时期（1986–1998），教师综合素质提高时期（1999年以来）。

1.全面恢复教师培训工作时期（1977–1985）

1977年8月4日至8日科学和教育工作座谈会在北京召开，会议提出要研究提高教师的水平的问题，加强师资培训工作，要把师资培训列入规划，当作任务。之后国家开始逐步恢复教师培训的工作，先后召开师资培训工作座谈会，发布《关于在职教师培训工作的意见》、《关于进一步加强中小学在职教师培训工作的意见》等文件，此时教师培训工作的重点是吸取总结前段时间教育工作的经验，全面恢复调整教师培训工作。

教师培训目标定为："到1985年，使现有文化业务水平较低的小学教师大多数达到中师毕业程度，初中教师在所教学科多数达到师专毕业程度，高中教师在所教学科方面多数达到师范学院毕业程度。"[1]1982年，全国已有省、直辖市、自治区人民政府直接办的教育学院32所，省、自治区人民政府委托行署和盟领导的以及市、州举办的教育学院247所。[2]到1985年前后，我国教师培训工作的目标、培训形式、培训内容、培训范围以及培训机构的建立都逐步步入正轨，基本全面恢复了教师培训工作。

2.教师培训的补偿教育时期（1985-1998）

教师培训工作全面恢复以后，国家教师培训真正步入了以在职中小学教师培训为使命的发展时期。当时，国家为了满足强烈的基础教育普及需求，各地都被迫引入大量专业技能不达标的教师，虽然为大力发展基础教育作出了重要的贡献，但是很多教师在教学业务能力、学历层次方面都没有达到基本的要求，这批教师的存在成为制约教育质量提高和教育改革的一股阻力。1986年，我国有普通中小学、农村职业中学教师802万人，其中不具备国家规定学历的约占半数，不胜

[1] 中华人民共和国国家民族事务委员会网站．中国民族教育[EB/OL].http://www.seac.gov.cn/gjmw/mzjykj/2004-06-29/1170217314295305.htm.2009-04-26.

[2] 法律快车网站．国务院批转教育部关于加强教育学院建设若干问题的暂行规定的通知[EB/OL].http://law.lawtime.cn/d562662567756.html.2009-04-26.

任教育、教学工作的教师所占比例较大。针对这种情况，对广大的在职中小教师展开教学业务能力和提高学历层次的培训成为教师培训工作的重点。教师培训政策也明确地提出补偿教育时期学历补偿和教学能力补偿的双重任务，其中小学教师以教学业务能力补偿教育为主，中学教师以学历教育补偿为主。

1991年我国小学教师学历合格率已由1977年的47.1%上升到1991年的80.7%。小学教师培训的重心逐步转变为教师教学能力的提高。但是我国初、高中教师学历合格率分别仅为51.8%、47.2%，中学教师队伍中不具备国家规定学历的仍占较大比例。[1]

3.教师综合素质提高时期（1999年以来）

1999年以来，随着我国义务教育普及工作取得重大成就，提高教育质量逐步成为基础教育的战略重点，我国的教师培训工作进入了全面提高教师综合素质的新时期。国家将教师培训纳入发展规划，1999年到2008年实施了两个"五年计划"，对全国中小学教师实施了两次全员轮训，同时根据教育发展需要，有针对性地实施了"中小学教师教育技术专项培训"、"少数民族教师专项培训"、"新课程改革专项培训"、"中小学班主任专项培训"、"中小学校长专项培训"等五个方面的专项培训。在第八次课程改革开始实施之后，相关的培训工作继续深入开展。两个五年期的教师培训和各种专项培训围绕教师综合素质提高展开，在培训目的、培训形式、培训范围以及培训机构设置方面都与教师培训的补偿教育时期有一定的差异。

教师培训工作的目标由业务能力和学历补偿教育为主转为综合素质提高为主

[1]　找法网．国家教育委员会关于加快中学教师学历培训步伐的意见[EB/OL].http://china.findlaw.cn/fagui/xz/28/206339.html.2009-04-21.

的教育，教师培训的目标定位在对能够胜任教学任务、具备合格学历的中小学教师展开的综合素质提高培训方面。而且培训人员逐步注意到，教师培训要想取得长久的培训效果，必须深入到教师教育观的塑造层面。我国教师现在每5年必须参加一次培训，国家有国家层面的教师培训计划，各省有省级教师培训计划，教师培训的规模不断扩大，而且即将进行修改的教师资格认证标准还提出了将教师接受培训的培训时数作为教师考核的标准之一，教师培训的次数和时间都会显著增加。对改革开放以来教师培训的发展过程进行简单回顾之后，我们可以发现，教师培训工作发展到今天，已经成为教师教育观形成的重要途径。

在大规模的教师培训中，涌现了一批优秀的教师教育观形成与指导方面的培训专家，也建成了很多相关的教师培训课程。这些课程通过网络、书籍和期刊的形成在中小学教师中间广泛地传播，对教师的教育观形成与树立产生了深刻的影响，极大地帮助了教师们从容应对新课程改革所提出的要求和挑战。教育管理者应重视各种形式的教师教育，对教师培训工作进行必要的财政支持，对相关的管理工作提出严格的要求，确保教师培训取得预期效果，避免最近几年出现的培训实效性低、教师和学员都是跟着走培训的过场而无实质性的培训效果的现象。教育学家们也应注意通过教师培训将先进的教育观念讲解和传递到中小学教师中间，并通过网络媒体建立博客、微博等多种形式经常与中小学教师沟通交流，进行有针对性的指导和帮助。工作在一线的教师们也要重视自己参加的教师培训，认真对待教师培训，把教师培训当成自己提高教学水平和综合素质的重要途径。

（二）教学反思

如果说教师培训是要调动各方力量一起努力帮助教师塑造科学合理的教育观

念的活动，那么教学反思就是主要依靠教师个人的努力而进行教育观念塑造的重要途径。从观念形成的过程看，反思是由感性认识上升为理性认识的重要环节，也是由理性认识内化为观念和信仰的关键环节。教师教育观念的确立要重视教学反思，利用教学反思帮助自己树立科学合理的教育观念。

1933年，杜威在其出版的《我们如何思维》（第二版）一书中曾对反思型思维做过这样的界定："反思是问题解决的一种特殊形式，它不仅涉及一系列观念，也包含其结果。它是一个连贯的观念序列，其排列方式使每个观察将其后续的观念作为它决定下的恰当的结果，而且每一个结果又反过来依赖于或指涉它前面的观念。"可见，在杜威看来，反思就是对观念层面的一系列认识进行加工的过程。教师教育观念的更新一定是离不开反思的。而教师的反思主要来自于他们的教学工作。教师对教学工作的反思是其教育观念形成的重要途径。教学反思是指教师在教学过程中通过教学监控、教学体验等方式，辩证地否定（即扬弃）主体的教学观念、教学经验、教学行为的一种积极的认知加工过程。[1]教师的教学反思主要有以下几种方式：

1.教学日记与博客

教师通过教学日记进行教学反思是指教师每天将教学工作中的重要事件或者印象深刻的事件进行记录，然后针对事件进行思考，思考的内容包括事件的发生与预期的对比，对事件本身的解释，对事件原因的追溯等。目前流行的教育叙事提倡让教师把自己的教育经历记录下来，并进行系统的分析和思考，以此来促进教师的专业发展。很多年轻教师还在网络上开通论坛、博客、微博等，借助于网

[1]　王映学、赵兴奎．教学反思：概念、意义及其途径[J]．教育理论与实践，2006（02）：53．

络平台把自己的教学体验描述刻画出来，形成文字材料。这些文字确认能够帮助教师形成更为系统的理性认识，便于以后对同类问题进行系统思考，也便于与教育专家、同行以及家长们进行交流。这些活动都在潜移默化地形塑着教师的教育观念。

2.教学理论学习

教学理论学习是帮助教师进行教学反思的重要方式。教师通过教学理论的学习，形成关于教学的间接经验，并对教学活动产生各种预设，当教师带着这些预设进入到教育实践活动中时，就形成了一种对比，即在教师的思想观念层面所进行的理论与实践的碰撞。这些碰撞有的时候是证实了一种认识，这种证实将这种认识深化为教师的教育观念。有的时候一些碰撞证伪了一种认识，这种证伪也将原来的教师的预设从其观念中清除出去。总之，教学理论的学习与教学实践的交叉对于教师的教育观念形成具有重要的影响作用。我们非常提倡在教师培训时安排一些环节让教师自己进行教学理论和教学实践的这种对比分析。

3.教学音像分析

教学音像分析是指教师将自己上课的教学音像材料进行回放，自己收听或者观看自己在课堂教学中的表现。这种方式很容易帮助教师发现自己在教学中潜在的一些毛病和问题。比如教态方面存在的身体晃动、身体歪斜、多余手势和固定手势，还有频繁出现的无意识动作，如推眼镜、拨刘海、捏衣角等。还有在讲话中的问题，比较常见的是多次使用口头语，诸如“然后”、“那么”等。这些小的问题往往在自己观看自己的教学音像材料时一下就能发现，帮助自己及时反思调整。另外，这种方式也可以帮助教师从第三者的角度全面审视课堂，对于在教学过程中所使用的讲课策略和教学艺术等产生的效果进行系统的反思。我们建议有条件的老师应该多做一些自己讲课的录音录像，课后回放一下，对于新教师迅速提高教学水平和老教师改正多年积累的教学问题有较强的指导意义。

4.学生建议征集

学生建议征集是指教师在教学进行了一段时间之后向学生征集有关课堂教学改进的建议。新课程改革实施后，我们提倡教学民主，学生的实际需要成为教学活动的一个重要参考依据。学生建议征集就是一个很好的尊重学生实际需要和主体性的方式。教师可以让学生以匿名的方式对课堂提出建议，把建议收集上来后，教师要认真分析，看学生的建议与自己的教学感受是否相同，将学生比较集中的建议总结出来，尝试着进行改变。学生意见征集一方面能够获得学生方面的对于课堂教学的反馈，能够更好地找准学生学习需求，另一方面也体现出教学民主精神，让学生感受到教师的诚意，拉近师生关系，调动学生的积极性和主动性。

（三）同行教学评议

教师的观念更新是教师专业发展的一个重要组成部分，而且教师专业发展的基础性因素是教育观念的发展。新课程改革实施以来，教师的专业发展面临着诸多的挑战，各地为了应对这些挑战探索了很多地方性的或者学校层面的教师专业发展方式。其中教学共同体的建设就是一种很好的校本教师专业发展方式。在教学共同体中所进行的同行教学评议活动对教师教育观念的形成起到了重要的作用。

同行教学评议是指教师之间相互听课评课，并就课程教学本身的技巧进行充分的讨论，形成更为先进的认识。教师们可以以教研组为单位组成教学共同体。

教学共同体中的教师们轮流讲公开课程，其他共同体成员去听课，课后全体成员对课程情况展开研讨，这个过程对于讲课的教师来说，他们能听到很多中肯的建议，也会发现自己讲课中的一些问题。对于听课的教师来说，他们能够学习到一些教师的优点，也能通过发现别人的问题反思自己的不足。

1. 组建教学共同体

首先要组建教学共同体，根据学校的规模，可以以学校同一学科的教研组为单位，也可以以跨学校的多个教研组为单位，组建规模适宜的教学共同体，一般人数控制在10到20人为宜。教学共同体不是官方组织，是一个提高教学水平、交流教学经验的自发性工作团体。

2.建立教师同行教学评议制度

教学共同体组建完毕后，全体成员讨论制定同行教学评议制度，包括在规定的时间进行教学共同体的集体活动制度、教学共同体成员的讲课听课制度、评课议课制度等。通过这些制度安排好每位教师讲课的时间，规定好听课时的要求，还可对评课议课的环节做出详细规定。通过这些制度形成教学共同体的成员轮流讲课、集体听课、固定时间集体评课议课的活动机制。

3.积极参与教学评议

教师同行教学评议制度建立后，教师们要积极地参与教学评议活动。其他教师讲课时认真听讲，发现他们的问题警醒自己，总结他们的经验激励自己。自己讲课的时候认真准备，把同行评议的公开课作为一种压力和动力督促自己努力提高教学水平。在评课议课的环节上积极发言，利用多人讨论的大脑风暴激发出更有创造力的认识，从而更新教育观念，提高教学水平。总之，教学共同体的成员

在多次的讲课、听课、评课、议课中对教学进行反思，逐渐就形成了教学观念的改变。

后　记

本书撰写过程中得到了很多朋友的帮助，从撰写的基本思路到框架的设计，到最后完成初稿后的修改和审阅，都凝结了朋友们的悉心关怀和指导。尤其我的导师柳海民教授还为本书撰写了前言，所以可以说本书是集体智慧的结晶。我负责撰写了本书的第一、第二、第三、第四以及第八章，梁琳帮助撰写了本书的第六章和第七章，赵光磊帮助撰写了本书的第五章。特别感谢出版社的编辑，从书稿的框架敲定到行文中一些细节的修改都提供了很多有益的帮助，在此一并郑重致谢。本书对很多学术同行的优秀研究成果和重要观点多有品评和借鉴，难免会有一些失当和失误，部分参考可能也未能一一详细列出，不敬和疏漏之处还望海涵。

杨清溪

2012年10月13日于田家炳教育书院